面試 日 幫忙 鐵人賽

博碩文化

到日本當軟體工程師

入門指南

生活　禮儀

只要做好準備，你也有機會到日本當軟體工程師！

陳巧云　著

我是一個軟體工程師
在一個偶然的機會下
實現去日本工作的夢想

「軟體工程師」

是目前最容易到日本工作的職業之一。

作者以自己在日本東京工作一年的心得告訴你，到日本工作需要哪些技能？

日本擁有許多知名企業及獨角獸公司，身為軟體工程師的你，有機會到這些公司工作！除了能體驗日本生活，還能為自己的履歷加分，開拓國際視野。

第11屆
iT邦幫忙
鐵人賽
佳作
iThome

作　　者：陳巧云
責任編輯：黃俊傑

董 事 長：陳來勝
總 編 輯：陳錦輝

出　　版：博碩文化股份有限公司
地　　址：221 新北市汐止區新台五路一段 112 號 10 樓 A 棟
　　　　　電話 (02) 2696-2869　傳真 (02) 2696-2867

郵撥帳號：17484299　戶名：博碩文化股份有限公司
博碩網站：http://www.drmaster.com.tw
讀者服務信箱：dr26962869@gmail.com
訂購服務專線：(02) 2696-2869 分機 238、519
（週一至週五 09:30 ～ 12:00；13:30 ～ 17:00）

版　　次：2021 年 10 月初版

建議零售價：新台幣 450 元
I S B N：978-986-434-854-1（平裝）
律師顧問：鳴權法律事務所 陳曉鳴 律師

本書如有破損或裝訂錯誤，請寄回本公司更換

國家圖書館出版品預行編目資料

到日本當軟體工程師入門指南 / 陳巧云著. -- 初版. --
新北市：博碩文化股份有限公司, 2021.10
　面；　公分. -- (iT邦幫忙鐵人賽系列書)

ISBN 978-986-434-854-1(平裝)

1.就業 2.文化 3.日本

542.77　　　　　　　　　　　　　　110012189

Printed in Taiwan

歡迎團體訂購，另有優惠，請洽服務專線
博 碩 粉 絲 團　(02) 2696-2869 分機 238、519

目 錄

Chapter **4**　從今天開始我就是日本上班族了 097

Chapter **5**　日本生活大小事 133

Chapter 6　掰掰日本：回台灣囉 **187**

序　誤打誤撞我就到日本工作去囉！

WHO AM I ？沒有含著金湯匙出生，也沒有頂著名校光環，我只是一個普通、平凡且喜歡著日本的女生。

2019 年到合掌村旅行

從國中開始，我就是一個超級哈日族。下課後我喜歡看日本的動畫漫畫，以及玩各種電玩遊戲，日劇也是看了不少。從小就嚮往著去日本旅遊，想親眼見見我在日劇裡看到的雄偉富士山。也夢想著有一天，能有機會去日本留學、打工度假，甚至就職等等。

與戀愛養成遊戲──純愛手札的遊戲海報攝影

　　國高中的時候，同學們在暑假時都排了去世界各地旅遊。看著他們旅遊日本的照片，我總是好羨慕。家中經濟小康，但沒有多餘的錢享受出國旅遊。父母知道我一直很想學日文，雖然無法供我出國，但花了一些時間，為我存下一筆學費，讓我到地球村補習日文。然而補習日文的時期，正好也是我面臨高中考大學學測的時間。但我仍是每天都到地球村報到，從基礎會話、文法課程到日語檢定課程都沒有缺席。同學問我：「又要準備大學學測，又要學日文，妳不累嗎？」。我回答：「準備學測很累啊，但是學日文是休閒活動，紓壓的管道喔！」是的，我每天到地球村去學日文，其實每天都很樂在其中。因為我總想著，等我學好日文，我要去日本哪裡哪裡玩。等我學好日文，我就能看沒有字幕的日本動漫，玩電玩遊戲也不用再上網查翻譯。真是太棒了！

　　兩年之後，我考上了大學的資管系，也拿到日本語能力試驗的一級檢定。你們一定覺得奇怪，我怎麼沒讀日文系呢？其實我也有糾結過，但我比較了一下兩個系所的課程內容，和鑽研日本文學、政治或歷史比起來，我可能對資訊類課程更有興趣。當然日本的歷史和文學作品我也是略有涉

獵，但想著能透過程式語言做出一個會動的網站，總覺得十分期待。在和父母、老師討論之後，我便選擇了資管系就讀。

　　大學存了一點錢，靠著自己的力量，在大二暑假參加了日本團體旅遊。我還記得第一次搭飛機，第一次踏上日本國土的那種感動（眼淚都要滴下來了，嗚嗚），我還留著當時的行程內容呢！在淺草觀音寺、淺草神社參拜，迪士尼樂園跟米奇米妮拍照，蘆之湖悠閒散策，以及東京市區狂買藥妝等等。

二、行程景點：
1. 特別安排一晚溫泉飯店，來一趟美食、泡湯至樂之旅，舒緩身心。
2. 盡情暢遊一票到底【東京迪士尼樂園】～或 2001 年 9 月 4 日開幕【東京迪士尼海洋】(二擇一)。
 【東京迪士尼樂園】位於東京灣邊，剛渡過 25 週年慶的東京迪士尼樂園，佔地達 51 公頃，園內由 7 大主題樂園區所構成，走在園內到處可見陪著大家渡過童年的卡通人物：憨厚老實的米老鼠、咕噪自私的唐老鴨…等等，是大人與小孩夢幻中的天堂。(另有迪士尼海洋可供選擇喔！)
3. 【 皇　　居 】觀賞天皇居住之地，感受前江戶城的氣慨及建築巧思雄偉之處。
4. 【 台　　場 】御台場的夜晚，隨著超大型摩天輪的燈光圖騰不斷變換，更襯托出這臨海副都心之美。購物廣場推薦您前往維納斯廣場-走入內部，其擺飾、裝潢，宛如置身歐洲街道，讓您感受它浪漫悠閒的步調。
5. 【箱根神社】建於西元 8 世紀，位於蘆之湖南端的元箱根，擁有悠久的曆史和珍藏許多文化遺產而聞名。
6. 【蘆　之　湖】湖山相映、青松翠杉，景緻十分怡人。此湖是箱根旅遊的核心地區，湖面積 690 公頃，海拔 723 公尺，環湖長度為 17.5 公里。它是在四千多年前因火山活動而形成的火山湖，經湖水沖刷的迷人的景緻和情趣，環湖步道遍植松翠杉，景緻十分怡人。
7. 【平和公園】它向訪客表達了煦照愛意及佛的慈悲，也表達對殘酷戰爭的控訴，期許世界和平早日來臨。
8. 【淺草觀音寺】創建於西元 628 年的日本觀音寺總堂，遠近馳名，每年總有成千上萬因聞名而來的觀光到此上香參拜。入口處吊掛著『雷門』字樣的大紅燈籠，就是淺草觀音寺的大招牌。據聞淺草寺的觀音很靈驗，大家不妨也抱著虔誠之心，來此祈求平安。
9. 【東京 MIDTOWN 摩登中城】東京中城由大面積的綠化和 6 棟建築構成，是一個新型的複合型型城市。此地匯集了各種各式的商店、餐廳、公園、飯店、住宅區、美術館等設施

航班

日期	星期	航空公司	班機	起飛機場	起飛時間	抵達機場	抵達時間
01/11	一	長榮航空	BR2196	桃園國際機場	15:00	東京成田	01/11 19:00
01/15	五	長榮航空	BR2195	東京成田	20:00	桃園國際機場	01/15 23:00

2010 年參加東京團體遊的行程表

　　自從去過一次東京之後，就開啟我每年要去日本——回鄉（？）兩次的固定行程。大學加上工作幾年，不知不覺就累計了以下日本制霸地圖[※1]。

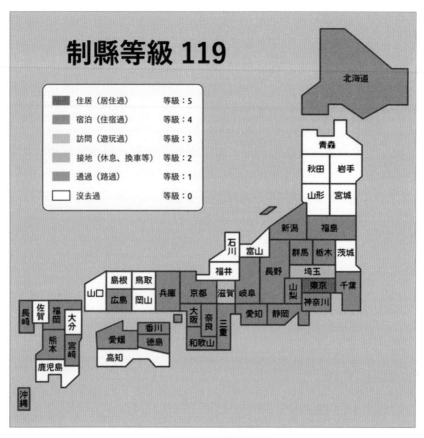

制縣等級 119

住居（居住過）	等級：5
宿泊（住宿過）	等級：4
訪問（遊玩過）	等級：3
接地（休息、換車等）	等級：2
通過（路過）	等級：1
沒去過	等級：0

2020 年我的制縣地圖

每次去日本旅遊，都會覺得時間很不足夠。好想去一整個月都不回來。但我已經錯過去日本留學的年紀，打工度假簽證可能比較難找到資訊相關的工作。我曾經有的日本夢，離我越來越遠，但我一直將它銘記在心。在某一天，似乎我的機會來了。在臉書看到日本企業來台徵才的廣告，抱著試試看的心態，在網站上填了履歷後，就這麼誤打誤撞的拿到工作簽證到日本工作去了。

※1　制縣地圖來源：https://zhung.com.tw/japanex/

| PREFACE | 序　誤打誤撞我就到日本工作去囉！

現在回想起來還是覺得神奇，我只是隨手填了一些基本資料跟工作經歷，過了不久就有人聯繫我請我去參加面談。急急忙忙買了個套裝，便到面談現場。先是有日本人職員面試我的日文能力，接下來有外國人面試我的英文能力。面談結束通知我，有到日本工作的語文能力，但日文商務用語可能還要再加強。之後又幫我安排參加說明會及正式的面試，經過HR的初次面試及部門主管的技術面試之後，我真的拿到去日本工作的offer啦！我的夢想，真的要實現了！

Pixbay 富士山圖

人生的關卡：
考量要不要去日本工作

日本就業評估圖

　　想去日本工作嗎？但是不知道自己是否能面試上公司，順利取得簽證。下方圖表依照日語能力，以及是否為電機資訊等專業作評估。

　　下方為筆者在日本就業時的觀察，讀者做為就業前的參考即可。仍要以日本經濟及產業的變化，以及公司的需求為主。

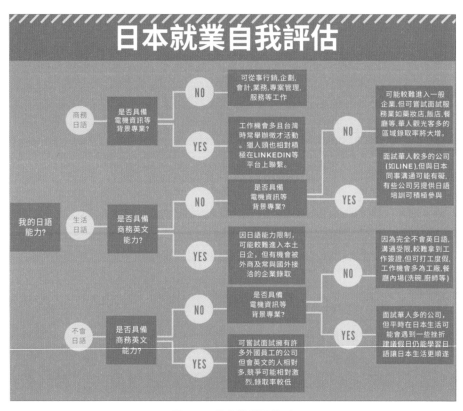

圖 1-1：日本就業評估圖

日本薪資水準・結構與稅金

　　我去日本之前，不少朋友問我，日本生活費不是很貴嗎？除了對日本的愛之外，不得不認真坐下來思考現實的問題。許多人到日本工作之前，可能對日本的薪資結構不太了解。去日本，看起來薪水漲了不少，但萬萬稅的日本，薪水扣完稅後，到底有沒有比台灣賺的多呢？

　　其實我第一次拿到薪水的時候，嚇了一大跳，雖然公司沒有少給我offer 談好的薪水，但最後扣完稅匯款到我戶頭能讓我使用的，真的少了很多很多。也怪我自己那時候沒有做好功課，稅金、年金跟健康保險等等的，都沒有先查好資料，比想像中少了不少錢，還是蠻痛的。（少買好幾個電玩遊戲啊啊啊）

　　為了避免大家發生一樣的情形，我來幫大家整理日本的薪資水準及結構。讓大家在面試後談薪水能有個參考。

來談談薪資水準

　　日本工程師到底能領多少薪水呢？讓我到日本各大就職相關網站蒐集資料，為大家一探究竟。

　　日本人力仲介公司 Robert Walters 整理了 2020 年日本工程師的薪水參考。年薪整理以 base 為主，不包含各種補貼（諸如交通補助，租屋補助等等），也不包含紅利。

職稱	年薪
前端工程師	400-1,000 萬日圓
後端工程師	500-1,200 萬日圓
系統工程師	700-1,000 萬日圓
解決方案架構師	1,200-1,800 萬日圓
遊戲工程師	500-1,900 萬日圓
UI/UX 設計師	400-1,000 萬日圓
專案經理	800-1,400 萬日圓
資料分析師	700-1,400 萬日圓
資料科學家	700-1,500 萬日圓
網路工程師	600-800 萬日圓
QA 工程師	600-800 萬日圓
技術支援工程師	700-1,400 萬日圓
SRE	600-1,200 萬日圓
DevOps 工程師	700-1,300 萬日圓

表 1-1：日本工程師年薪估計表

上述年薪範圍[1]其實還蠻廣的，包含各種年資的工程師的相關資料。讓我們從日本的 Open Salary 資料庫找出幾個台灣人熟悉的公司，讓大家參考薪資行情。

LINE

職稱	地點	職等	工作經驗	年薪（含Bonus及股票）
後端工程師	東京	L1	2 年	600 萬日圓
前端工程師	東京	L1	0 年	650 萬日圓
後端工程師	東京	L2	2 年	750 萬日圓
前端工程師	東京	L2	4 年	800 萬日圓
後端工程師	東京	L3	5 年	960 萬日圓
前端工程師	東京	L3	4 年	700 萬日圓
SRE	東京	L3	1 年	900 萬日圓
前端工程師	福岡	L3	7 年	650 萬日圓
AI/ML 工程師	東京	L4	5 年	1,000 萬日圓

Yahoo 日本

職稱	地點	職等	工作經驗	年薪（含Bonus及股票）
全端工程師	東京	Y1	2 年	500 萬日圓
前端工程師	東京	Y1	1 年	500 萬日圓
後端工程師	東京	Y3	5 年	800 萬日圓
SRE	東京	Y3	2 年	740 萬日圓
後端工程師	東京	Y5	10 年	1,270 萬日圓

Mercari

職稱	地點	職等	工作經驗	年薪（含 Bonus 及股票）
後端工程師	東京	EX1	2 年	900 萬日圓
前端工程師	東京	EX1	2 年	900 萬日圓
後端工程師	東京	EX2	5 年	1,125 萬日圓
前端工程師	東京	EX2	5 年	960 萬日圓
後端工程師	東京	EX3	13 年	1,650 萬日圓
前端工程師	東京	EX3	12 年	1,230 萬日圓
SRE	東京	EX3	7 年	1,350 萬日圓

Google Japan

職稱	地點	職等	工作經驗	年薪（含 Bonus 及股票）
後端工程師	東京	L3	1 年	1,124 萬日圓
全端工程師	東京	L4	4 年	1,860 萬日圓
全端工程師	東京	L4	6 年	2,250 萬日圓
AL/ML 工程師	東京	L4	1 年	1,400 萬日圓
全端工程師	東京	L5	9 年	3,000 萬日圓

表 1-2：日本各大企業年薪估計表

　　由工程師本人自願性質匿名發表。（網站資料[2]為網友自行填寫，正確性可能無法達到 100%，僅供參考。）

---

[2] 資料來源：ソフトウェアエンジニアの年 | OpenSalary\

實際薪資參考對照表

看完前面的各大公司的年薪之後，確實看起來比在台灣多了不少。但是前面有提到，我在拿到第一份日本薪水的時候嚇了一跳，因為感覺少了很多（泣）。跟台灣一樣，這些公司開出來的年薪都是稅前，也就是日文所謂的「額面」薪水，所以別高興得太早，在日本除了所得稅，還有一堆名目的錢要繳出去。實際拿到手上的可能比預期的少很多。

日本有兩個專有名詞，一個是「額面年收」，就是日本公司給你 offer 時應許會給你的薪水，前面的參考年薪都是額面年收。一個是扣完各種必要扣除費用（如稅金），你實際拿到手可以運用的現金——「手取り（tedori）」。接下來我將跟大家介紹，各個年收範圍拿到手的金額大約是多少，下面的簡表[※3]讓你快速參照。

年收（40 歲以下單身住東京）	實際拿到手的金額估計 （薪水的百分比）
300 萬日圓	2,439,706 日圓（81.3%）
400 萬日圓	3,224,472 日圓（80.6%）
500 萬日圓	3,985,562 日圓（79.7%）
600 萬日圓	4,727,490 日圓（78.8%）
700 萬日圓	5,435,540 日圓（77.6%）
800 萬日圓	6,089,660 日圓（76.1%）
900 萬日圓	6,743,368 日圓（74.9%）
1,000 萬日圓	7,392,566 日圓（73.9%）

表 1-3：日本薪水實拿估計表

※3　資料來源：https://www.shunpon.com/entry/2018 年年收別手取り一覽

看完是不是覺得怎麼比實際想像能拿到的，少了很多呢？後面會再更詳細介紹薪資結構，以及到底被扣了什麼稅金。

薪水結構

在和日本公司談 Offer 的時候，假設談到年薪 500 萬，這 500 萬包含的可能跟你預想的不太一樣。在台灣，500 萬可能是 N*14，或是 N*12+Bonus，N 是你的月薪。

但有些日本公司 Offer 的 500 萬，是將交通費、住宿補貼，甚至還有固定殘業代（固定加班費）等等，包含在月薪當中。這點是需要注意的部分。因為補貼一同計算的話，就代表你的本薪其實比想像中的又少了一點點，可能對 Bonus 也有部分影響。

也就是同樣都是 500 萬的 Offer，你的本薪（基本給）可能是不一樣的。

給与支払明細書
2021年01月
田中太郎 様

支給額	基本給	300,000円	控除額	所得税	6,640円
	役職手当	20,000円		住民税	10,000円
	住宅手当	20,000円		健康保険	17,820円
	家族手当	10,000円		厚生年金	32,940円
	残業手当	37,500円		雇用保険	1,086円
	休日手当	21,600円		社会保険	51,846円
	非課税通勤費	12,000円		親睦会費	1,000円
	合計	421,100円		合計	121,332円
				差引支給額	299,768円

圖 1-2：薪資明細參考

而日本的薪水區分為「基準內給與」以及「基準外給與」。簡單區分就是固定的薪資來源通常就是基準內給與，而變動的薪資來源如加班費，就是基準外給與。

◉ 基準內給與

　◦ 本薪

　◦ 交通費：通常是半年給一次，給你拿去買半年票的費用，有的是固定額，有的是實支實付但有上限。有些人因為想省錢，住在很遠但房租便宜的地方，雖然交通費很高，但公司有補助，也是一種省錢的方法。只是通勤超過一個半小時真的蠻辛苦的。

本薪及交通費基本上每個公司都會提供，下面的依照各公司薪資規範：

　◦ 住宅津貼：有些公司提供免費宿舍，有些則是補貼你租屋的部分費用，之前看過有些公司是補貼 2-3 萬日圓左右。

　◦ 役職津貼：職務津貼，役職通常是主管階級，例如課長、主任等等。

　◦ 家族津貼：通常是給有扶養家人的社員。

◉ 基準外給與

　◦ 加班費：

　　A 時間外勤務津貼：一般上班日的加班費

　　B 休日出勤津貼：非上班日的加班費

　　C 深夜津貼：深夜加班的加班費

什麼時候會拿到加班費呢？超過雇用契約所訂勞動時間（例如：每天 8小時，每周 40 小時），則公司必須支付你加班費。

假設公司規定每周一到五 9:00 上班，18:00 下班。平日 18:00 以後的就算加班（時間外勞動）。如果假日有上班的話，則是需支付假日加班費。如果是 oncall 到凌晨，晚上 22 點到凌晨 5 點之間的加班，則是深夜勞動。如果那麼不巧，你正好是周六的凌晨一點接到電話說系統發生 outage，需要加班，那你的加班費會是深夜＋假日加班費組合的百分比。是不是聽得有點混亂？讓我來整理表格讓大家更能一目瞭然。

加班種類	加班費／每小時
時間外勞動	時薪的 1.25 倍
休日勞動	時薪的 1.35 倍
深夜勞動	時薪的 1.25 倍
時間外勞動＋深夜勞動（例：平日的半夜加班）	時薪的 1.5 倍（1+0.25+0.25）
休日勞動＋深夜勞動（例：假日的半夜加班）	時薪的 1.6 倍（1+0.35+0.25）

表 1-4：日本加班費計算表

上面的資料看完還是沒 FU 嗎？那我用個實際的例子算數學給大家看。

假設田中先生的基本給是 30 萬日圓，然後雇用契約簽訂一個月的勞動時間是 160 小時（每周一到五朝 9 晚 6），時薪的話就是 300,000 ÷ 160 = 1,875 日圓。

禮拜五田中先生有一個 bug 遲遲沒解完，在 18:00 之後加班了 3 小時。加班費是 7,031 日圓（不滿 1 日圓四捨五入）。

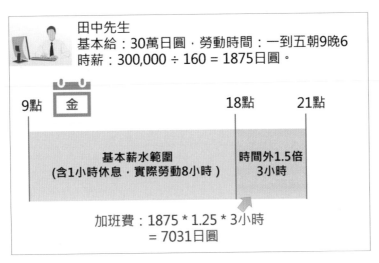

圖 1-3

假設週六早上 10 點田中先生參與周末系統搬遷專案，週六 13:00 到 14:00 休息一小時去吃午餐，一路處理到周六的凌晨 24:00 分才完成系統搬遷作業，這樣他可以領多少加班費呢？

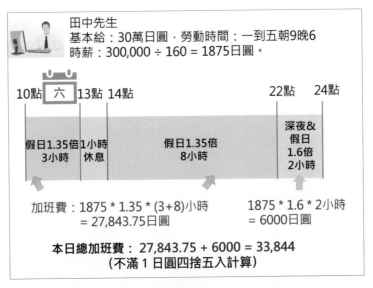

圖 1-4

33,844 日圓。就是田中先生可以領到的加班費。

到時候大家每個月拿到薪資單，一定要檢查加班費有沒有少給喔！

賞與（獎金 Bonus）

除了月薪、各式津貼及加班費外，也定期會有賞與。類似台灣的年終獎金，日本的公司通常一年分兩次給，夏季一次冬季一次。跟台灣一樣，有些公司會是給薪水的一定百分比，有些公司會依照年度業績進行分配。詳細還是要依照各公司 HR 提供的 Offer 為準。

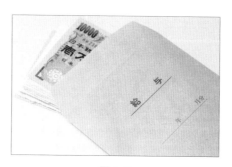

圖 1-5

稅金

先前一直提到，日本稅好重啊。到底有多重呢？

薪資所得稅：通常都是公司幫我們算好，給你「源泉徵收票」，上面記錄了你的薪資、各種扣除額，以及應納稅金額。

假設你的年收入是 600 萬日圓，有配偶，這樣你的所得稅額會是多少呢？

以下我參考網路上的範例[4]，來為大家說明。

※4 資料來源：https://mylifeplussquare.com/withholding-tax-statement/

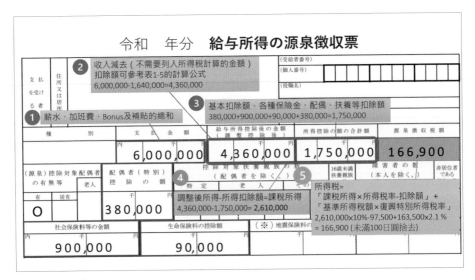

圖 1-6

① 支払金額：也就是你的所得。本薪、加班費、獎金及各種補貼的總和。但不包含交通費喔！

② 給與所得扣除後的金額：調整後的所得。這裡會先扣掉一個公司職員的必要開銷，如西裝、皮鞋、公事包和交際費等。

收入範圍	扣除額
1,625,000 日圓	550,000 日圓
1,625,001 日圓～ 1,800,000 日圓	收入金額×40%+100,000 日圓
1,800,001 日圓～ 3,600,000 日圓	收入金額×30%+80,000 日圓
3,600,001 日圓～ 6,600,000 日圓	收入金額×20%+440,000 日圓
6,600,001 日圓～ 8,500,000 日圓	收入金額×10%+1,100,000 日圓
8,500,001 日圓以上	1,950,000 日圓（上限）

表 1-5：令和 2 年所得扣除額表

6,000,000 * 0.2 + 440,000 = 1,640,000

所以會從所得扣掉的金額是 1,640,000 日圓。等於說這個金額是不需要列入所得稅的計算，所以要事先扣除。計算方式可參考表 1-5。

得到這個金額之後，按照「收入」減去「扣除額」，便是調整後的所得。

6,000,000 - 1,640,000 = 4,360,000

③ 所得扣除額的合計額：包含個人基本扣除額 38 萬日圓、各種保險金（社會保險，生命保險，地震保險等）、配偶扣除、扶養扣除等合計。

380,000（個人扣除額）+ 900,000（社會保險）+ 90,000（生命保險）+ 380,000（配偶扣除）= 1,750,000

④ 課稅所得：4,360,000（調整後所得）減去 1,750,000（所得扣除額），就可以得到要被課稅的金額 2,610,000 日圓。

⑤ 所得稅：算出課稅所得後，我們乘上所得稅率再減去扣除額，可得到基準所得稅額 163,500 日圓。另外加上復興特別稅[※5]，就是我們的所得稅了。計算公式如下，所得稅率可以參考表 1-6。

（課稅所得 × 所得稅率 - 控除額 = 基準所得稅）+（基準所得稅 × 復興特別所得稅率 = 復興特別所得稅）= 所得稅（未滿 100 日圓捨去）

2,610,000 × 10% - 97,500 + 163,500 × 2.1% = 166,900（未滿 100 日圓捨去）

※5　根據日本國稅局的資料：復興特別稅為基準所得稅額的 2.1%

課稅所得	稅率	扣除額
195 萬日圓以下	5%	0 日圓
超過 195 萬日圓到 330 萬日圓以下	10%	97,500 日圓
超過 330 萬日圓到 695 萬日圓以下	20%	427,500 日圓
超過 695 萬日圓到 900 萬日圓以下	23%	636,000 日圓
超過 900 萬日圓到 1,800 萬日圓以下	33%	1,536,000 日圓
超過 1,800 萬日圓到 4,000 萬日圓以下	40%	2,796,000 日圓
超過 4,000 萬日圓	45%	4,796,000 日圓

表 1-6：日本所得稅稅率及扣除額表

上面的計算是不是稍嫌繁瑣？那你可能會問，我還沒到日本，不知道自己的各種保險或扶養大約會扣多少錢。有沒有一個所得稅平均值可以當作參考啊？

我們參考以下計算稅金的說明文章，假設你未滿 40 歲，沒有配偶，依照你的年收，你的所得稅額區間大概如下表[6]。（僅供參考，確切數值請依自己實際的社會保險費用，婚姻及扶養狀況，及該年度所得稅率計算。）

年收	社會保險費	所得稅
300 萬日圓	44 萬 8,452 日圓	5 萬 4,500 日圓
500 萬日圓	70 萬 7,982 日圓	13 萬 9,700 日圓
800 萬日圓	114 萬 396 日圓	46 萬 8,300 日圓
1,000 萬日圓	123 萬 5,226 日圓	83 萬 9,300 日圓
1,500 萬日圓	151 萬 794 日圓	211 萬 3,400 日圓
2,000 萬日圓	159 萬 6,858 日圓	373 萬 5,000 日圓

表 1-7：未滿 40 歲沒有配偶及子女的所得稅估算表

---

[6] 資料來源：https://www.nature-inter.com/column/3475/

住民稅：住民稅是繳給居住區域的稅金，每年 4 月到 5 月之間，公所會進行住民稅稅額計算，將繳費通知單寄到公司。但通常公司會直接從每個月的薪水中扣除，所以通常不用特別進行處理。

住民稅的計算方式十分複雜（有各式各樣扣除額），且各地區的稅率可能又稍有不同。建議可以用各區域提供的線上住民稅計算機進行計算。這邊我們先舉個相對單純的例子進行手算，讓大家稍微有個概念即可。

假設單身的田中太郎住在東京都江東區，他令和 3 年要繳交多少住民稅呢？

東京都江東區住民稅稅率

江東區稅率	6%
東京都都民稅	4%

東京都所得扣除額（令和 3 年之後須減 10 萬日圓）

收入範圍	扣除額
360-660 萬日圓	收入金額 ×20%+54 萬日圓
660 -1,000 萬日圓	收入金額 ×10%+120 萬日圓
1,000 萬日圓以上	220 萬日圓

表 1-8：江東區住民稅稅率及扣除額表

田中的薪水收入是 480 萬日圓，社會保險是 449,753 日圓。生命保險金可扣除 70,000 日圓。所得 2,400 萬日圓以下，基礎扣除額 430,000 日圓。

所得金額（調整後）		所得扣除	
薪水	3,400,000	雜項損失	0
事業所得	0	醫療費	0
不動產	0	社會保險費	449,753
利息	0	小規模企業補助	0
股利所得	0	生命保險費用	70,000
年金所得	0	地震保險費用	0
其他	0	配偶者	0
土建股票轉移所得	0	扶養	0
一時	0	基礎	430,000
總所得金額①	3,400,000	所得扣除額合計②	949,753

表 1-9：江東區住民稅試算表

所得扣除額： 4,800,000 * 0.2 * + 540,000 - 100,000 = 1,400,000

扣除完的所得金額：4,800,000（所得）– 1,400,000（所得扣除額）= 3,400,000

其他扣除額： 449,753（社會保險）+ 70,000（生命保險）+ 430,000

（基礎扣除）= 949,753

❶所得金額合計 3,400,000 日圓

❷所得扣除額合計 949,753 日圓

❸會被課稅的金額計算（計算方法：❶ - ❷去千元尾數）2,450,000 日圓

東京都都民稅解析	
固定額稅金	1,500 日圓 / 年
所得稅率 （4%）	97,000 日圓 / 年 【計算公式】 2,450,000 日圓 ×4%-1,000 日圓
東京都 都民稅合計	**98,500 日圓 / 年** （已扣抵完下方 1,000 日圓，再加上固定額稅金 1,500 日圓）
	稅額扣除
調整扣除額	1,000 日圓
扣除合計	1,000 日圓

江東區區民稅解析	
固定額稅金	3,500 日圓 / 年
所得稅率 （6%）	145,500 日圓 / 年 【計算公式】 2,450,000 日圓 ×6%-1,500 日圓
江東區 區民稅合計	**149,000 日圓 / 年** （已扣抵完下方 1,500 日圓，再加上固定額稅金 3,500 日圓）
	稅額扣除
調整扣除額	1,500 日圓
扣除合計	1,500 日圓

表 1-10：江東區住民稅試算解說表

98,500（東京都都民稅）+ 149,000（江東區區民稅）=247,500

你實際要繳交的住民稅是 24 萬 7,500 日圓。

哇！我覺得我算完是不是可以去日本公所當稅務人員了（誤）。真的是相當複雜啊，而且這還是最基本款的（沒有扶養，沒有房貸等等）。大家還是用網路上提供的住民稅計算機[7]算就好了。

另外要注意的是，和所得稅不同，住民稅是以今年的收入進行計算，隔年才繳交。而所得稅則是當年就必須繳交。如果 2021 年 7 月剛到日本工作，當年度不會被收取住民稅。但你在 2021 年 7 月到 12 月工作的收入，將會於隔年被居住區域收取。有人詢問，如果他 2022 年 1 月 2 號就離職，剪掉日本工作 VISA，那這樣還要繳住民稅嗎？答案是——要。每年繳稅期間，公所會寄通知單到你公司，但是因為你已經離職，他會扣繳憑單到你之前登記住宿的地方。但你已經回台灣，一定不會收到或是注意到這件事，此時公所會去註記欠繳。如果你在日本仍有戶頭，將會被強制扣款。如果你在日本戶頭沒有足夠的金額讓政府扣款，在稅務部門將會有不良紀錄。未來如果你有機會再申請日本的工作簽證，將有很大的可能被拒絕。為了避免不必要的麻煩，當個優良的外國工作者，離開日本前記得跟公司或公所確認，住民稅已經繳清再離開日本喔。

住民稅	所得稅
今年的收入 x 稅率 => 隔年繳交	今年的收入 x 稅率 => 當年度繳交

表 1-11：住民稅及所得稅繳交時間表

※7　計算機：https://juuminzei.com/keisan/city.php?pref=%E6%9D%B1%E4%BA%AC%E9%83%BD&city=%E6%B1%9F%E6%9D%B1%E5%8C%BA 江東區計算示範：https://www.city.koto.lg.jp/060502/kurashi/zekin/kuminze/5106.html

保險及其他扣除額

● **健康保險料**：類似台灣的健保。

● **厚生年金保險料**：類似國民年金，強制加保，如果沒在日本退休的話……可能用不到這筆錢。離開日本前可以去年金機構退錢，但通常沒辦法退全額。退錢的方法在最後面的章節會有更詳細的解釋喔！上面的保險及稅金，通常都有計算機或是對照表[8]可以速查。

圖 1-7 稅金

---

[8] 東京都健康保險及年金對照表：http://www.team-cells.jp/hyoujyun/hyoujyunhousyu.php

日本東京的生活費估算

相信去過日本玩的朋友，一定覺得日本的物價比台灣高很多。衡量薪水的同時，也要了解日本每個月需要多少生活費。

我回想了一下之前自己每個月的生活費，我可能沒辦法代表大多數住在東京的人，另外有部分雜費（買一些日常用品，例如衛生紙等等）尚未計入。但我查了日本介紹東京都平均生活費的幾個網站，大多都分析住在東京，租屋、食費、水電網路瓦斯及娛樂費等等，大約每月須支出「16 萬日圓」。大家如果沒有特殊消費需求的話，可以使用 16 萬日圓作為計算。手取り（實際到手的錢）減掉日常生活費，就是你每個月能自由使用的錢。

我的日常生活費

費用項目	金額	備註
租屋費	62,000 日圓	東京都文京區 1K 套房
水、電、瓦斯	8,000 日圓	
家用網路費	6,000 日圓	Softbank Air
手機通信及網路	4,000 日圓	LINE Mobile 網路
健身房	10,000 日圓	
餐費	50,000 日圓	很少自己煮，幾乎都吃外食，每天 1-2 杯超商咖啡
娛樂費	5,000 日圓	幾乎每個月都有台灣朋友到日本找我玩，假日出門遊玩也花了一些錢
小計	145,000 日圓	

表 1-12：日常生活費表

心得

　　看完這些大家可以思考一下，去日本要開多少薪水，才能維持或超過現在的生活水平。看到額面年薪的時候不要開心得太早，要先想想實際包含的內容，以及扣掉保險和稅金之後，自己還能拿多少。

　　很多仲介會吹捧，去日本薪水 3 級跳。但可能沒想到，日本與台灣相比，稅比台灣重很多，交通、醫療及租屋、生活費都比台北高。完成夢想之餘，也要多想想現實的問題。

圖 1-8 拿到薪水

赴日工作的管道

現在因為日本 IT 人力大量短缺，因此日本鼓勵日本企業到海外徵才。目前以台灣、大陸、東南亞為主。我之前待的公司，一個 Team 裡面就有台灣、越南、香港、韓國、孟加拉、日本人......真是大雜燴，但因為我待的不是外資企業，所以還是講日文為主。我自己是透過其中一個管道（人力仲介）面試上日本公司的，但因為有朋友也是透過不同管道，將一同分享上來讓大家了解或是實際去面試。

PS. 下方為我知道的資料整理，方便大家參考，非業配文也不對這些公司帶有個人立場。

我將日文能力及資訊專業分在四個象限，分別介紹適合的管道。先說在前面，我有朋友分別在這四個象限裡面，而且也都是日本 IT 業界或相關產業喔，所以想去日本的朋友，即使是資訊及日文都弱，也別妄自菲薄。

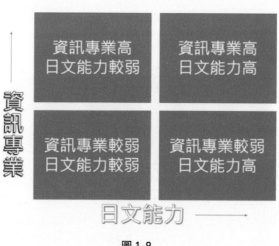

圖 1-9

資訊專業高，日文能力高：通常是有資訊背景或經驗的軟體工程師

管道一：專門介紹台灣人到日本工作的人力仲介公司

難易度：易

面試管道：大型徵才活動，相關公司網站

相關網站：104、保聖那、Persol、立樂高園、台湾人材ネット等等

簡介：公司位在台灣，通常由台灣專員聯絡，留下聯絡資料，以中文先填履歷。可能會用口頭了解你的資訊專業及日文能力。有些公司會找日本人及美國人同事驗證你的英日語能力。日本許多知名企業，也會委託他們協助尋找人才。這些公司時常舉辦大型徵才活動，平時可準備中日文履歷，面試西裝套裝，基本面試日文前往參加。這些公司通常都有跟開出職缺的公司談妥，有些不止仲介還會幫忙安排 Relocate，合作緊密。

圖 1-10

管道二：自己到海外人才求職網站投履歷

難易度：易到中

面試管道：大型徵才活動，相關公司網站

相關網站：Indeed、Wanted、Bizreach 等等

簡介：公司位在海外或台灣，可以上網站填資料，會有自動媒合及 Head Hunter 直接找人。各國籍的專員都有，可能會以英文面試（若要求日文能力的公司，可能會以日文面試）。海外人才求職網站與前面的人力仲介類似，但問題是要與全世界的人一起競爭職缺，台灣人的優勢大約就是生活習慣與日本相近，而且超愛日本，還看得懂漢字。因此深獲日本企業喜愛。

圖 1-11

管道三：自己到日本求職或直接對該日本公司投履歷

難易度：難

面試管道：公司網站

相關網站：リクナビ、Doda 等等

簡介：基本上落在這區的應該都有工作經驗，也就是非「新卒（しんそつ）」[※9]，是需要「転職（てんしょく）」，因此上述網站是日本轉換工作常用的網站。在日本求職網找工作的困難是，事實上放出這些職缺的HR，並沒有預期是海外的人來投履歷，畢竟 Relocate 你過去要錢要時間啊！可能還是優先採用日本人。難度相對較高，但職缺相對多，可以作為參考，投履歷看看。日文能力也要求高，因為回你信的 HR 應該都是講日文的。此外，如果有一些目標的公司，也可以嘗試直接到該公司的招募網站登錄。

圖 1-12

※9　「新卒」：也就是一張白紙進去該日本公司。日本剛畢業的採用跟有經驗的分蠻清楚的。很多大公司偏好新卒，也因此有人在找到理想工作之前，刻意延畢 1、2 年，為了讓自己能以「新卒」被錄用。因為適合從頭培訓，瞭解企業文化及目標，並且長長久久待在公司。新卒一直待在同公司的似乎血統比較純正（？）但因為我沒有在日本大企業待過，沒有很明確了解新卒跟轉職多次的差別待遇。不過日本 IT 人材現在轉職也很常見，因此非新卒也沒有太大的問題。

資訊專業較弱，日文能力高：沒有資訊背景或經驗，但想轉職軟體工程師或資訊相關工作

管道一：

參考公司：聯成電腦　Ｘ　DASH 日本程式語言教師（2019 日本跨境人才培訓計畫）

介紹：這個資訊很有趣，我研究了一下。因為日本教育部要將程式教育納入必修，但程式語言教師根本不夠啊（IT 人才都不夠了更別說老師了）。因此他們計劃大量培訓台灣程式語言教師，並且安排在日本各大國高中進行 Blockly 及 Python 的教學。搭配聯成電腦的課程從 0 開始培訓。但日文能力要求至少 N3 以上。注意事項是過去就是擔任「老師」的工作喔，不是軟體工程師。

管道二：

可以先到線上 or 實體培訓班自行學習程式，並練習小的 side project。我有朋友非本科系，但在打工度假期間，利用時間在 Udemy 網站自學 CSS 、 Javascript 及 HTML，後來也順利轉成工作簽證！

圖 1-13

資訊專業高，日文能力較弱

管道一：面試外籍工程師多的大企業或是外商

　　介紹：有許多日本的大公司或外商公司，裡面也有不少不會日文，但英文能溝通的工程師。諸如樂天、LINE、亞馬遜、雅虎等等。這些公司通常還會提供日文教育訓練的資源。只是完全不會日文就先去日本的話，在生活上可能有小小挫折，但在這些公司裡，工作上語言溝通應該是沒什麼問題。

管道二：到有培訓日文的人力仲介

　　參考公司：178 人力銀行[10]　 X　 夢科技（赴日工程師培訓計畫）

　　介紹：我看到這資訊的時候研究了一番。事實上日本相當缺 IT 人才，因此他們願意免費培訓你日文並送你到日本工作。除了培訓日文之外，還會指導日本禮儀，協助 Relocate 事宜，以及有成功透過這個計畫過去日本的學長姊可以諮詢。有興趣的可以去聽講座看看。

管道三：先去日本打工度假或語言學校，體驗日本生活，在當地學習日文

　　介紹：其實我也蠻推薦去日本打工度假一陣子，從生活中學習。但是如果完全不會日文就去的話，能選擇工作類型會受限，因為便利商店跟部分餐飲業至少需要 N3 的語言能力。注意事項是：自己沒努力學習的話，有些人過了一年，打工度假簽證要到期了，日文還是沒有進步。

※10 筆者於 2021 年重新查詢此公司時，似乎該公司的網站已經沒有繼續經營。但也有其他公司
　　有類似的企劃。「巨匠日語 X 立樂高園」日文課程搭配就業輔導，讓學員能順利到日本就業。
　　有興趣的人可以參考看看。

資訊專業較弱，日文能力較弱

這個的話，建議參考前面的幾個學習管道。

◉ 學習日文，學習日文，學習日文

◉ 學習程式，學習程式，學習程式

可以搭配打工度假，語言學校，線上程式課程等等，一起補足。我先前提到非本科系的朋友，原本是在這個象限，但他不放棄，靠自己努力成功取得工作簽證，目前在東京擔任軟體工程師呢！

圖 1-14

番外篇 - 到日本教寫程式專文採訪（株式會社 DASH）

在前一篇文章有介紹到一個管道赴日工作——到日本教寫程式。

針對這間公司及這個機會，為了讓讀者們也能一探究竟，我專文採訪了這間公司的理事長林先生，更詳細的介紹這個管道的細節。

圖 1-15

背景

Q：株式會社 DASH 為何要招募程式設計教師呢？

A：因為日本教育部將程式設計納入課綱裡，要讓國中及高中生都能學習程式。然而日本程式設計教師嚴重不足，本來就在日本開立補習班的 DASH 公司，受到委託招募大量台灣工程師或資訊人才到日本教程式。公司總部在茨城縣守谷市。

工作地點

工作地點為全日本各地高中及國中,目前先從關東地區開始,會逐步擴大。另外目前已經有老師外派到熊本當地的高中,及東京當地的知名高中教學。

住宿及費用

公司會協助簽約當地國高中附近的宿舍,並且有補貼住宿費。老師為一人一室,含有家具、家電等等。

圖 1-16

日本租屋通常都是空屋，所以有附家電的宿舍解決了很多麻煩的問題～～這兩天會去體驗住宿舍，超級漂亮，整潔，家具廚房洗衣機一應俱全。

　　如果是在總部附近教書，從宿舍就可以看到公司上班的大樓。走路過去大約五分鐘左右。感覺可以睡到很飽再出門。另外還有很完備的防盜設施，一打開門就要在一分鐘內趕快進入插卡解除安全設定，不然會通報警衛來抓小偷唷！真的超級安全的。好棒的宿舍。

　　附近也有超市跟麥當勞。生活機能蠻方便的！

工作內容

　　編寫教材，教授日本國高中生及成人 Blockly 以及 Python 語法。

　　如果是教授國、高中程式設計，會外派至各個國、高中。

　　如果是教授成人（如日本高中教師），則會在總部附近的本校進行教學。

　　（其實就是電腦補習班老師的工作，但是要用英語或日語教學。）

簽證

　　由公司協助申請並負擔申請相關費用，拿到簽證後即可上班。

日文能力

　　至少需要 N2 以上，另外如果對自己口說沒自信的話，會協助安排翻譯助教。

程式設計經驗豐富，可優先在本校（茨城縣守谷市）教授國高中教師 Python 等程式語言

　　住在守谷的好處就是，治安好，住宿又比東京便宜。

　　本校附近有超市，走路也能到喔，很方便～～

　　休假想去東京玩的話，搭乘筑波快線，45 分鐘就能到秋葉原。（很適合跟我一樣喜歡動漫的宅宅 XD）

圖 1-17

薪水 & 福利

　　因為此篇文章非業配文，請大家自行上台灣人材 net 搜尋 Dash 公司的相關職缺。

Q & A

Q1：請問會有可能假日出勤嗎？

A1：有時會安排課程在週末（例如給成人講授的資訊課程），但會安排補休（彈性調整上班及休假時間，但絕對不會吃掉任何一天的休假喔）。

Q2：我想要在大阪授課，有機會嗎？

A2：目前業務正在成長期，是有規劃未來拓點到關西甚至其他地方。目前是有設立華語補習班在非關東地區，但程式語言教學仍在拓點中。

Q3：目前已經有其他程式設計教師了嗎？

A3：現有 1 位顧問，4 位正職教師，7 位培訓中的老師（2021 年 7 月）。目前培訓跟實習是透過線上進行，所以在台灣也可以參加，通過實習後由公司協助申請日本工作簽證。已到日本但尚未分發時，會在總部編寫教材，籌備課程簡報等等。

Q4：面試的話會怎麼進行？

A4：通常會先進行視訊電話面試，若有機會遇到理事長回台灣，也可以到台北分公司進行面談（在台北火車站附近，很方便喔）。

派遣公司是什麼

　　現在各大徵才平台，時常釋出「赴日工程師」的職缺，以及許多利多。例如 Relocate 的那一大包，還有看起來比台灣高不少的薪水。但依照網友的經驗，有許多是要再仔細計算的。自己的年資及專業到日本，到底換算下來應該拿到多少年薪。如果透過派遣公司過去的話，到底能拿多少，有沒有白紙黑字寫清楚。

　　在我工作的地方，同一個專案裡面有許多非正社員的工程師，也就是所謂的「業務委託」：他們可能是「派遣公司派來的」，或是「Freelancer 接案的」，也有自己投履歷「直接跟公司簽約的契約社員」。

　　有時一間公司，要付給業務委託的工程師（月薪），可能有機會比正社員高！！但是，中間的派遣公司也是要抽成的，實際拿到的可能比想像少。但也有 Freelancer，中間因為沒有仲介，所以是全拿的（除了要繳給政府的稅跟保險的必要費用）。也有可能賺的比正社員多。不過台灣人沒辦法在日本當 Freelancer 的，因為你在日本的 Visa 都要由公司擔保。除非你有日本國籍、配偶簽證、永住權或是其他特殊簽證。

　　那你可能會想，為什麼一間公司要請那麼多「業務委託」，增加月薪的支出呢？

　　其實，這反而是省錢的一種方式。因為有時候要推新的案子，要大量的人手，如果招了正社員，到時候專案結束，多餘的人力該怎麼辦？又不能把他們辭退。正社員是很貴的，除了月薪以外，有很多住宅補貼，各式補貼，加一加其實還是請「業務委託」的比較划算。

我所知道的派遣職員合約是三個月簽一次（每間公司可能不一樣），如果覺得這個人才不適合，可以選擇不續約，叫派遣公司業務另外找人來。或是三個月專案做完，不需要人力了，也可以不續約。非常彈性。

　　聽起來好像壞處多多，派遣到底有什麼優點？

　　大家有看過派遣女王嗎？擁有超強工作能力而且時薪超高的派遣員工。

　　其實之前同事介紹一個年薪超高的日本派遣之王。因為他是男的，姑且叫他派遣之王。我只有看過他一次，握過他的黃金之手一次。他做的工作內容是偏 Consultant，因為擁有不可取代的技術。其實我不知道是什麼技術，那時候可能沒聽懂這段的日文，但很多公司都會找他去 OnSite 幫忙解決問題，聽說他出勤的費用是非常高昂的。可能真的是派遣女王等級。他因為不喜歡被特定公司綁住，又想賺很多錢，這也是一個好方法。

　　另一個好處是，因為可以選擇的公司很多，可以一年待在遊戲產業，一年派遣到新創 Big Data 分析公司，一年跑去大手公司。等等的。如果是單一公司的正社員，大概沒辦法體驗到那麼多不同的產業。

圖 1-18

決定要去日本工作啦：
赴日前的準備

找工作階段一：履歷書及職務經歷書

履歷書

在這邊我們針對日本企業喜歡的工程師履歷進行整理。但如果你的更精美更能展現專業，也可以不用拘泥格式。履歷書比較像是自我介紹的表格。會包含個人姓名、住址、學歷、技術、語文能力，以及工作經驗的基本介紹。

下方表格是我當時投遞日本公司，參考日本人力仲介的範本撰寫。歡迎大家自行取用。可能不是最完美的範例，但我是透過這份履歷獲得日本工作。

■基本情報　※日付は全て西暦表示でお願いします。

氏名	陳OO		性別	男性		女性	V
ローマ字表記	ChenOO		生年月日 (yyyy/mm/dd)	199X/XX/XX		年齢	2X
婚姻状況	未婚　V	既婚	子供	有	無	血液型	B
電話(昼間)	+886 09XXXXXXXX		兵役			免役	V
電話(夜間)	+886 09XXXXXXXX		自動車免許	V			
携帯電話	+886 09XXXXXXXX		自家用車	V			
見住所	新北市XX區XX路XX號						
E-mail	xxxxxxxxx@gmail.com						

■国籍・出身地・戸籍

国籍	台灣	戸籍住所	新北市XX區XX路XX號		
身分証IDNo.	XXXXXXXXX	母国語	中国語	出身地	桃園市

■学歴情報

学校名	専攻	学校所在地	入学年月	卒業年月	卒業	中退	留学
XX大学	情報管理	台北市	2008/09	2012/06	V		

■免許・資格・スキル・トレーニング （語学除く）

免許名/資格名	取得時期(西暦)／トレーニング参加期間(西暦)
SCJP	2011/07

■語学力 Nネイティブレベル　Aビジネスレベル　B日常会話レベル　C挨拶程度(読み書き)

言語	語学力能力名称	級・点数	取得年月	申告レベル	仕事使用	使用場面	証明書有
日本語	日本語能力試験	N1	2008	A	なし		V
英語	TOEIC	925	2011	N	V	国際協力	V

■その他スキル

C#(ASP.NET) / Python(Django) / Javascript / CSS / HTML：自力でWebサイト構築の経験あり
SQL Server 2016 / Oracle / Postgre SQL：インストールからテーブル作成が可能
IIS / Apache：インストールから設定可能

■職歴　※新しい職歴から順にご入力ください。

●Career1

入社年月 (yyyy/mm)		退職年月 (yyyy/mm)	就業中	V	退職予定日	6/30
2012/07	～	2017/07	在籍期間	5年0ヶ月		
会社名(中文)	XXX		会社国籍	台湾		
会社名(他)			業種・業界	官公庁		
所在地	台北市		従業員数	約500名	商材	
事業内容	官公庁向けWEBシステムの開発・運用保守					
部署名	なし		部署人数	なし	平均年齢	なし
職位	プログラマ(PG)		職種	Web・オープン系 プログラマ(PG)		
上司職位	係長		上司名	XXX		
手取給与	XX万円	税込給与	XX万円	賞与（年間）	約XX万円	
仕事内容	WEBプログラム設計（主にASP.NETで）：自社サービスである会社管理、社内訓練において、新規機能の開発、テスト、防守、サポート。					
学んだスキル	C#(ASP.NET) / Python(Django) / Javascript / CSS / HTML / SQL Server 2016 / Oracle / Postgre SQL					
退職理由	日本の会社で働きたいです。					

■自己PR（2000文字以内でご記入ください。）
（志望動機、将来へのご自身の考え等、ご自由にご記入ください）

私は大学4年間、情報管理を専攻し、一生懸命情報科学と技術について学んで参りました。学科はコンピューター応用技術専門の学科とし、コンピューター基礎、データベース、ソフトエンジニアリング、JAVA言語、C言語、WEBプログラム設計、UML言語などを身につけました。
　そのおかげで、私は今国際協力に対して、高い技術だけではなく、英語も要求されている台湾の官公庁に所属し、社内システム開発の要件定義、実装、及び運用、保守などを担当することができ、熟知しているC# + ASPNET や、Python + Django 等のMSSQL Server というデータベースと英語能力が活用できるようになりました。
　長所は、何事にも熱心に根気よく努力できることです。様々な勉強会やセミナーなどにも積極的に参加したり、気になった新技術も時間をかけて一生懸命勉強したりしております。まだまだ未熟な点や学ぶべき点もあるとは存じておりますが、幼い頃から日本で働くことに憧れ、謙虚に学ぶ姿勢をいつまでも忘れず、自分の経験や知識をもってチーム会社に貢献できるように努力してまいりますので、どうぞ宜しくお願い申し上げます。

表 2-1：履歴書示範表

　考量到本書也有非資訊領域的讀者，可能正在考慮是否需要轉換跑道學習資訊專長。這邊分享我當時擁有怎麼樣的背景及 IT 技能，讓我能成功面試日本公司。

　我大學是資訊管理學系，在學校學過程式語言 C#，Javascript，用以呈現網頁內容的 HTML，開發網頁用的框架 ASP.NET，資料庫 SQL Server，網站架設的 IIS 伺服器。基本上具備這些基本技能，你已經可以獨立完整架設一個網站，可以做自己的部落格，或是具備會員系統的投票網站等等。

　大學畢業之後我在公部門的資訊室，協助架設與維護部門的系統及服務。例如幫忙做部門內部用的電子公佈欄，或是多媒體檔案上傳及下載區。這些都是上述的技術就能做到的。

　而我在面試日本公司時，雖然我並非擁有十八般武藝的資深軟體工程師。但擁有以上基本技能及經驗，讓我順利取得前往日本工作的入場券。日本資訊人才人力大量缺乏，其實有非常多的資訊相關工作機會，大家不用妄自菲薄。

上述的網頁開發相關技術，即使非資訊系畢業，也能在網路上，或是一些實體補習班都能學習到。在資訊業界不乏從非本科系成功自學轉職成軟體工程師的朋友。

這邊提供幾個非本科系也能學習技術的網站及教育機構供大家參考。

◉ **線上免費學習網站**：

Codecademy（英文） 程式語言 / 資訊技術課程

Coursera（英文） 程式語言 / 資訊技術課程

◉ **線上付費課程**：

HaHow 好學校 程式語言 / 資訊技術相關課程

六角學院 前端全組合課程

Udemy 程式語言 / 資訊技術相關課程

◉ **實體教育機構**：

Alpha Camp「全端開發課程」

資策會「軟體工程師就業養成班」

五倍紅寶石「全方位網頁設計前後端實戰」

台灣大學資訊系統訓練班「網頁設計基礎班」

另外，我個人在面試日本公司的幾次經驗中，可以感覺到日本公司在檢視履歷時，對於有工作經驗的應徵者，反而不會太看重學歷這塊，我認為這樣對大部分人是友善的。日本企業重視你的經歷，和參與過的專案。所以我覺得即使是台灣知名學府畢業的，日本人看了學校的名字，可能不太有印象。因此除了上面的履歷之外，下面的職務經歷書我認為才是決勝關鍵。

職務經歷書

後半段職務經歷的部分，我之前在人力仲介的輔導下，使用以下的格式進行撰寫。這個部分其實是日本人最重視的，在大量履歷來的時候，他們優先看的就是你有沒有他們專案需要技術的實務經驗。

■ Engineer Skill Sheet

No	業種	期間 業務名称/業務詳細		
1	官公庁	2012年7月　　〜　　　　2017年6月　　　　　　5年0ヶ月 台湾の官公庁における、社内システムの開発 【概要】 台湾の官公庁に所属し、社内システム開発の要件定義〜実装、及び運用・保守に携わる（メイン担当は実装） 【担当フェーズ／担当業務】 ・WEBアプリケーションの要件定義〜実装を担当（C#,ASP.Net） メイン担当は実装だが、要件定義〜実装までの一連の経験あり 　　　L　地理情報分析（GIS）、地理情報の調査ツール(C#、WPF)、等の社内システムアプリケーションの開発 　　　L　社内管理システム、社内訓練システム等の基幹システムの開発 　　　L　社内システム監視システムの開発（Splunk） 　　　L　社内システムデータを可視化システムの開発（Tableau, Informatica） 　　　L　社内データ扱いと予測アプリケーションの開発（Python,機械学習） 　　　L　社内サイトの開発 ・データベースの要件定義〜実装を担当（SQL Server,Oracle） 　　　L　インストールやテーブル作成、SQLの作成等 ・Webアプリケーション構築の為の環境構築 　　　L　サーバー構築、ミドルウェアの構築（Windows2008,IIS,Apache） ・運用・サポート業務 　　　L　ユーザーからの問合せ対応		

OS/機種	【開発】言語/ミドルウェア 【Web】言語/ツール 【インフラ】NW/HW/MW 【サポート】対象製品	担当工程	ポジション/ チーム人数
Windows Server2008 Windows7	【言語】 　C# 　Javascript 　Python 　CSS 　HTML 【フレームワーク】 　ASP.NET(MVC) 　Django 【ミドルウェア】 　SQL Server 　Oracle 　IIS 　Apache 【ツール】 Git Docker Tableau Splunk ETL Tool Informatica Team Foundation Server	要件定義 基本設計 詳細設計 実装（新規・保守） 運用・サポート	メンバー

資格
SCJP（Sun Certified Programmer for Java）合格
日本語能力試験　1級
TOEIC　925点

備考
プライベートではあるがJava、python、C、チャトボットを作る、データ科学等学習しており、特にpythonに関しては、フリーランスで業務を請け負い開発経験がある。 また、2016年から、2017までのITコンテスト（ハッカソン）いくつか1位の受賞実績がある。 2017/05　Mircrosoft（マイクロソフト）AI　+　チャトボットコンテスト： 　　　　　1位の受賞実績（NodeJSで作成） 2016/11　ウェブサイトコンテスト：1位の受賞実績（python（Django）で作成） 2016/10　台湾生物資料活用アプリケーション開発：1位の受賞実績（Unity（C#）で作成） 2016/09　台湾政府資料活用アプリケーション開発：1位の受賞実績（python（Django）で作成） 2016/08　台湾農業資料活用アプリケーション開発：1位の受賞実績（python（Django）で作成）

表 2-2：職務經歷書示範表

　　針對職務經歷書再作更進一步的敘述，主要是方便讓讀者明白大概得擁有怎樣的經歷及技能才足以到日本工作。

　　職務經歷書的重點是工作經驗以及負責過的專案的詳細敘述。我上述的範例，簡介了我先前在公家機關的五年經驗。

　　最左邊的部分通常寫公司名稱，或是相關的業種（政府機關，銀行業，資訊服務業等等）。並且需填寫該工作經歷的起訖日期。

　　接下來簡介自己在這個工作經歷上負責的項目。例如我寫了我使用 C# 及 ASP.NET 開發內部的網站，並且從系統規劃，開發到上線都有參與。

　　在每一個負責的項目也標註使用的技能，例如我有協助開發單位內部的資訊服務監控系統，使用到 Splunk 工具，我也將 Splunk 標註在後。

右方將我這段工作經驗使用到的技術以及工具做整合，從上方的程式語言，使用的框架，資料庫以及伺服器，到開發過程使用的相關工具等等都詳述。

最右方則是整合自己負責了那些階段，前面提到我從需求分析，開發到維護都有接觸過，我即可以將每個項目都列出。

這個職務經歷書有什麼好處呢，答案是可以讓人資在挑選的時候一目了然，快速檢驗你的專長是否符合他們這個職缺的需求。假設人資正巧在尋找一個需要具備 C#，Team Foundation Server，Splunk 能力的人，他一掃瞄我的履歷，確認我都有相關經驗，那我就很有機會拿到面試的門票。因此職務經歷書建議將自己在專案中有使用到的技術也都列出來，讓人資更好查閱，你也提升錄取的機率！

針對負責的 Phase 部分可以參考以下圖片

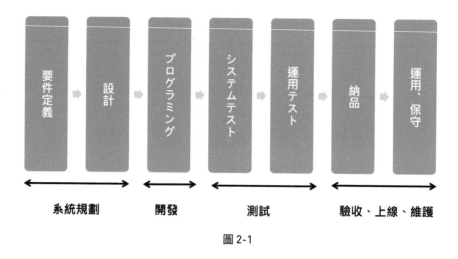

圖 2-1

- **要件定義**：這邊比較偏大方向的系統規劃，應該要有什麼功能

- **設計**：這邊可能就開始寫詳細的 Spec，畫 UML 圖

- **Programming（開發）**：寫程式

- **Test（測試）**：單元測試，整合測試，系統測試

- **運用，保守（維護）**：也就是後續的維護，有些 Project 你接手的時候可能都開發好了，就是維護現有系統

找工作階段二：面試

面試準備

準備好紙本履歷（請參考前一篇履歷準備），紙本履歷請整齊裝訂，不要有摺痕，整齊放在 L 夾裡。

圖 2-2

面試穿著

無論是日本公司來台灣徵才的大型就業博覽會，或是到人力仲介面談，男生請穿著正式西裝，女生請穿著套裝並化淡妝。頭髮請梳理整齊，不要披頭散髮。為了展現專業與尊重，請參考以下穿著前往面試。

圖 2-3

面試（自我介紹）

準備好中文・日文以及英文的自我介紹。我參考幾個日本就職網站分享的範例文，在獲得網站授權後整理給大家參考。

包含的重點需要有
1. 姓名
2. 職務經歷
3. 業務內容所培養的能力
4. 為何對這個職務或公司有興趣
5. 感謝對方撥空與自己面試

參考資料來源：「JOBSHIL」網站授權，在未有任何文章改動及加工情況下無償使用 https://job.j-sen.jp/jobshil/25

網站範例原文參考：

○○と申します。私は、○○大学卒業後、○○商事株式会社に新卒入社し、現在まで約4年間働いております。

営業2課に所属し、営業担当者の補助業務をメインに日々の業務を行っています。

3年目からは営業部の新人教育も兼任して担当しています。

ワードやエクセル、パワーポイントといったソフトはもちろん、イラストレーターの使い方を1から覚えて、チラシ作りを行うなど、幅広い業務を担当しておりました。

新しいことにチャレンジする人を応援する御社の姿勢に興味を持ち、この度応募させていただきました。

本日はお時間をいただけて大変嬉しく思います。短い時間ですが、よろしくお願いいたします。

翻譯：

　我是○○。我○○大學畢業後，到○○商事株式会社任職，到目前為止工作了四年左右。

　我所屬該公司營業二課並負責業務人員的輔助業務。第三年起，我還負責培訓銷售部門的新進員工。我負責的業務廣泛，包含指導他們如何使用Word, Excel及PowerPoint等軟體，以及如何使用Illustrator進行傳單製作。

　貴公司針對樂於接受挑戰的人是給予支持的，我對貴公司很有興趣，因此應徵此職位。謝謝您撥空與我面試，請多多指教。

　上述的範文比較通用（不僅限於工程師），我們也可將灰底部份抽換成IT相關的範例。

灰底可抽換成 IT 相關：

　4 年間システム開発に従事しました。プログラマーとして、言語は JAVA で主に開発経験があります。

　プログラムだけではなく、お客様とのヒアリングから保守に至るまで、システム開発の一連の業務を経験しております。

　開発現場では、Java、SQL、PHP の経験があり、最も得意な言語は Java です。

　その他、業務を円滑に進めるために自発的に作ったツールにおいて、ExcelVBA、AccessVBA を組んだ経験があります。

翻譯：

　這四年間主要負責系統開發。主要使用語言 JAVA 進行開發。

　除了程式設計之外，我也曾從最開始與客戶的需求訪談，到完成專案及系統維護，完整的系統開發流程都有相關經驗。

　在開發現場，我有 Java、SQL、PHP 的經驗，我最熟悉的語言是 Java。

　此外，我為了讓業務更順利的進行，有時也會使用 ExcelVBA、AccessVBA 開發一些小工具，讓相關人員使用。

簡述：

　上文是個簡單的範例，通常針對職務經歷以及專案細節的部分可以再多著墨一點。但基本上的自我介紹應該包含進去了。

面試（常見問題及例文）

參考資料來源：https://proengineer.internous.co.jp/content/columnfeature/8368

【質問 Q1】「なぜ弊社への入社を希望されたのですか？」

翻譯：為什麼想進我們公司呢？

〈公司喜歡聽到的回答〉

御社の○○システムは普段からよく利用しております。

利用する側だけではなく、○○システムの開発に携わりながら、より多くの人に御社のシステムを広めていきたいと思い、応募いたしました。

翻譯：我平時就在使用貴公司的○○系統。希望我不只是能使用，而是能接觸○○系統的開發，並且讓貴公司的系統更成長，讓更多人使用。因此應徵貴公司。

這個問題是想要了解，為什麼「是我們公司」，而不是「其他公司」呢？

【質問 Q2】「業務で失敗したこと、それをどう上手にリカバリしたか教えてください」

翻譯：你在工作過程中，是否有遇過失敗的狀況，你是怎麼進行處理及補救的呢？

〈 公司喜歡聽到的回答 〉

　〇〇システムの開発において、テスト実施中に設計ミスが発覚しました。

　基本設計から全ての設計を見直すことが必要になり、大幅な工数とコストオーバーになった経験があります。

　これまでの開発ノウハウを全てまとめて、工程ごとに綿密なヒアリングシートとチェックシートを用意し、次工程へ進む前に現工程の検収を受けてから進めていく仕組みを検討し、導入しました。

　　結果として・・・

翻譯：

　曾經有在〇〇系統的開發測試過程中發現到設計錯誤的經驗。結果從頭到尾全部的設計都必須重新來過，造成工時的大幅增加及超出預算。我的處理方式是導入以下流程：把到現在為止的開發 Know How 全部綜整，針對每個細節整理 hearing sheet（客戶需求表）及 check sheet（檢查表），在進入下個階段前必定做完檢查及驗收。結果⋯⋯

　這個問題是想要了解到你的危機處理能力，或是往管理職升遷的話應有的能力。

　這個部分算蠻難的，可以提前想好自己遇過最大的困難，以及怎麼處理的。如果對日文不是很有把握的話，可以找日文專長的人協助擬稿。

資訊專業的面試

除了一般的 LeetCode 考題[※1] 外，這邊比較特別的是，若是用日文面試時，有時候專業上的用語大家可能不熟悉日文片假名的名詞發音。可能會和面試官有溝通的障礙。

例如我之前跟面試官說我有 Oracle Database 的經驗，結果雞同鴨講了幾分鐘，面試官還是不知道我在說什麼。

我的發音是：歐肉口 爹他背濕

後來溝通了一陣子才發現，日本人的發音是：歐拉苦魯 爹他背濕

大家有空也可以看一些日文的專業名詞，了解一下日文的發音，避免與日本面試官溝通的障礙喔。

※1　LeetCode：知名軟體工程師面試考題網站。許多軟體公司在面試時，會考面試者演算法題目，藉以檢驗面試者技術能力。軟體工程師在面試前通常會到 LeetCode 練習考古題。

錄取工作後：簽證申請及在留卡核發

若是面試錄取了，我先恭喜你啊！

圖 2-4

接下來就是準備相關資料，申請簽證然後 Relocate 過去日本囉！

1. 申請在留資格

詳細要的資料：http://www.moj.go.jp/isa/applications/procedures/nyuukokukanri07_00089.html

從台灣去日本的話，通常都是錄取你的公司，或者代辦仲介會協助你申請。代書會協助填寫資料，專員會在日本幫你去日本入國管理局申請。我後來資格快到期的時候，人仍在日本工作時，有自己去入國管理局跑一趟，更新在留資格。

此外，另外有一些資料是要公司提供的，我們不會接觸到。

在留資格我們要準備的物品：

- 在留資格申請資料（公司會有人輔導你怎麼寫）
- 大學畢業證書
- 履歷表
- 3 個月內的大頭照

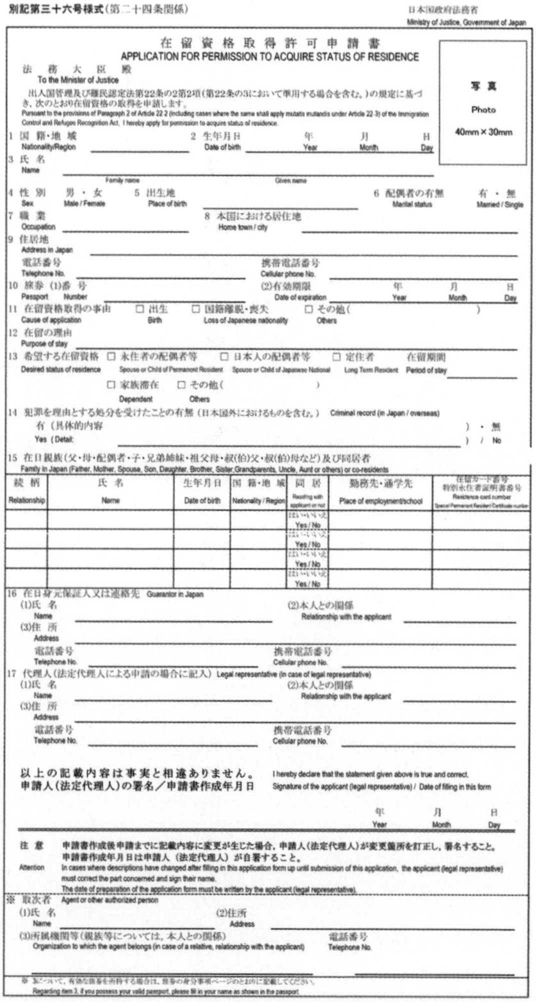

別記第三十六号様式(第二十四条関係)

日本国政府法務省
Ministry of Justice, Government of Japan

在留資格取得許可申請書
APPLICATION FOR PERMISSION TO ACQUIRE STATUS OF RESIDENCE

法務大臣殿
To the Minister of Justice

出入国管理及び難民認定法第22条の2第2項(第22条の3において準用する場合を含む。)の規定に基づき、次のとおり在留資格の取得を申請します。
Pursuant to the provisions of Paragraph 2 of Article 22-2 (including cases where the same shall apply mutatis mutandis under Article 22-3) of the Immigration Control and Refugee Recognition Act, I hereby apply for permission to acquire status of residence.

写真 Photo 40mm × 30mm

1 国籍・地域 Nationality/Region
2 生年月日 Date of birth 年 Year 月 Month 日 Day
3 氏名 Name Family name Given name
4 性別 Sex 男・女 Male / Female
5 出生地 Place of birth
6 配偶者の有無 Marital status 有・無 Married / Single
7 職業 Occupation
8 本国における居住地 Home town / city
9 住居地 Address in Japan
電話番号 Telephone No. 携帯電話番号 Cellular phone No.
10 旅券 Passport (1)番号 Number (2)有効期限 Date of expiration 年 Year 月 Month 日 Day
11 在留資格取得の事由 Cause of application □ 出生 Birth □ 国籍離脱・喪失 Loss of Japanese nationality □ その他( ) Others
12 在留の理由 Purpose of stay
13 希望する在留資格 Desired status of residence □ 永住者の配偶者等 Spouse or Child of Permanent Resident □ 日本人の配偶者等 Spouse or Child of Japanese National □ 定住者 Long Term Resident 在留期間 Period of stay
□ 家族滞在 Dependent □ その他( ) Others
14 犯罪を理由とする処分を受けたことの有無(日本国外におけるものを含む。) Criminal record (in Japan / overseas)
有(具体的内容)・無
Yes (Detail:) / No
15 在日親族(父・母・配偶者・子・兄弟姉妹・祖父母・叔(伯)父・叔(伯)母など)及び同居者
Family in Japan (Father, Mother, Spouse, Son, Daughter, Brother, Sister, Grandparents, Uncle, Aunt or others) or co-residents

続柄 Relationship	氏名 Name	生年月日 Date of birth	国籍・地域 Nationality / Region	同居 Residing with applicant or not	勤務先・通学先 Place of employment/school	在留カード番号 特別永住者証明書番号 Residence card number Special Permanent Resident Certificate number
				はい・いいえ Yes / No		
				はい・いいえ Yes / No		
				はい・いいえ Yes / No		
				はい・いいえ Yes / No		

16 在日身元保証人又は連絡先 Guarantor in Japan
(1)氏名 Name (2)本人との関係 Relationship with the applicant
(3)住所 Address
電話番号 Telephone No. 携帯電話番号 Cellular phone No.
17 代理人(法定代理人による申請の場合に記入) Legal representative (in case of legal representative)
(1)氏名 Name (2)本人との関係 Relationship with the applicant
(3)住所 Address
電話番号 Telephone No. 携帯電話番号 Cellular phone No.

以上の記載内容は事実と相違ありません。 I hereby declare that the statement given above is true and correct.
申請人(法定代理人)の署名／申請書作成年月日 Signature of the applicant (legal representative) / Date of filling in this form
年 Year 月 Month 日 Day

注意 申請書作成後申請までに記載内容に変更が生じた場合，申請人(法定代理人)が変更箇所を訂正し，署名すること。
申請書作成年月日は申請人（法定代理人）が自署すること。
Attention In cases where descriptions have changed after filling in this application form up until submission of this application, the applicant (legal representative) must correct the part concerned and sign their name.
The date of preparation of the application form must be written by the applicant (legal representative).

※ 取次者 Agent or other authorized person
(1)氏名 Name (2)住所 Address
(3)所属機関等(親族等については，本人との関係) Organization to which the agent belongs (in case of a relative, relationship with the applicant) 電話番号 Telephone No.

※ 3について，有効な旅券を所持する場合は，旅券の身分事項ページのとおりに記載してください。
Regarding item 3, if you possess your valid passport, please fill in your name as shown in the passport.

圖 2-5

這些繳交給錄取的公司或仲介後，他們就會開始幫你跑流程啦～大約需要 1-2 個月的時間。審查完成後，會寄發「在留資格認定證明書」給你。

　　就是下面那張小小的 B5 大小的紙[※2]。要收好啊～我們要進行下一個步驟，簽證申請。

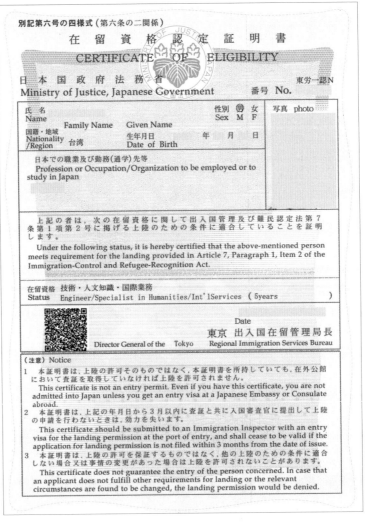

圖 2-6：在留資格認定證明書

※2　圖 2-6 為示意用，非筆者當時申請時的在留資格認定證明書。

2. 申請簽證

拿到「在留資格認定證明書」後，我們可以開始申請簽證囉。

這個部分則是由身在台灣的自己去跑流程。準備好以下資料後，就可以出發去台日交流協會（台北或高雄）。

（一）所需文件

❶護照正本（有效期 6 個月以上，如有舊護照也請一併提出）

❷簽證申請書（申請人須親自簽名與護照簽名欄一致）

❸兩吋彩色白底證件照 1 張 （6 個月內拍攝、正面、脫帽、無背景）

❹身分證正本及正、反面影本 1 份

❺在留資格認定證明書正本及正、反面影本 1 份

※ 所有文件請務必以 A4 大小紙張提出，單面列印，請勿裝訂。

（二）核發簽證所需天數及簽證費

原則上於受理申請後 5 天以內核發（不包括星期六、日及本所休假日），但若因審查需要或補加資料等因素有可能延後發給簽證，敬請把握充裕時間前來申請。

簽證費 850 元 （2021 年 3 月時費用）

完成之後，會在你的護照上附上一張泰國發的就勞簽證（大概是長下面那樣的）。為什麼是泰國，筆者本人猜測大概有一些政治經濟因素。

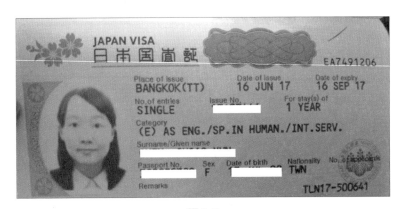

圖 2-7

3. 在留卡

護照上有簽證的你，大約完成了 80%，等到你實際飛到日本去，海關會幫你核發一個「在留卡」。

過海關的時候，記得翻到工作簽證的那一頁，讓海關快速的看到。他發現你是要核發在留卡的話，因為製卡跟資料驗證需要時間，還要幫你拍照等等，他會拉下布簾，並放置指示牌，說這個人是長期居住正在製卡中，其他人就會被引導到別排去囉。

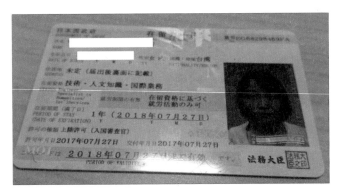

圖 2-8

這張卡等同你在日本的「工作證及身分證」，都要隨身攜帶。如果你晚上跑去附近買宵夜，被警察臨檢，被發現沒帶護照也沒帶這張卡的話，可是會被警察帶回去派出所泡茶的。另外獲得在留卡後，出入境日本，除了護照以外，也都要帶這張卡。這些都完成之後，你就完成複雜的簽證及在留卡申請囉～

M E M O

真的要去日本工作了耶：
飛去日本囉

搬家去日本囉

到日本去其實我建議兩手空空去，只帶自己可以穿一週的衣服鞋子。

什麼小家電，書籍，枕頭佔空間和重量的東西，最好不要帶過去。

因為這些東西日本就買得到，而且品質也很好，價錢也合理。

但因為我那時候公司有配 32 公斤的空運，或是半個貨櫃的海運。

我就亂塞了上述的一些東西到紙箱寄到日本去。雖然是後悔莫及，感覺我寄了我根本用不到的東西到日本。

圖 3-1

然後要填寫海關的單子。

有沒有覺得很面熟？就是你每次去日本玩，過海關前要交出去的那張。這次你終於有個項目要寫「有」了。

(A面)

日本國稅關
海關樣式C第5360－E號

攜帶品・後送物品申報單

請填寫下列與背面表格，並提交海關人員。
家族同時過關時，只需要由代表者填寫一份申報單。

搭乘班機（船）名		出　發　地			
入　國　日	年	月	日		
姓　　名	英　文　名				
現在日本住宿地點					
	電　話（　　）				
國　　籍		職　　業			
出生年月日	年	月	日		
護照號碼					
同行家人	20歲以上　人	6歲以上20歲未滿　人	6歲未滿　人		

※　回答以下問題，請在□內打"✓"記號。

1.您有攜帶以下物品嗎？(包含手提或寄放行李及後送等物品)　是　否
① 毒品、槍砲、爆裂物等禁止攜入日本的物品（參照B面的第1）　□　□
② 肉類製品、蔬菜、水果、動植物等限制攜入日本的物品（參照B面的第2）　□　□
③ 金條或者金製品　□　□
④ 超過免稅範圍（參照B面的第3）的購買品、名產或禮品等　□　□
⑤ 商業貨物、商品樣本　□　□
⑥ 他人託帶物品（包括行李箱等搬運工具以及沒被告知理由的交付物）　□　□

＊在上述問題中選擇「是」者，請在B面填寫您入國時攜帶的物品。

2.您現在是否有攜帶超過相當100萬日幣價值的現金、有價證券或超過1公斤的貴金屬等？　是　否　□　□

＊選擇「是」者，請另外提交「支付方式等攜帶進口申報單」。

3.後送物品　您是否有入國時未隨身攜帶，但以郵寄等方式，另外送達日本的行李(包括搬家用品)？

□ 是　（　　　個）　□ 否

＊選擇「是」者，請把入國時攜帶入境的物品記載於B面，並向海關提出此<u>申報單2份</u>，由海關確認。(限入國後六個月內之輸入物品)
<u>確認後的申報單在後送物品通關時需要。</u>

《注意事項》
例如在國外或進出入日本時，於免稅店購買的物品或受人委帶的物品等要攜帶進入日本，及後送物品依據法令規定皆須向海關申報，有必要時須接受檢查。<u>另外，有未申報或虛偽申報等非法行為時，可能會受處罰敬請多加留意。</u>

茲聲明以上申告均屬正確無誤。
旅客簽名

圖 3-2

就是下面的一項：另外寄送的物品，請勾「是」。

海關申告書會由運輸業者協助您填寫，他們也會逐一檢查你放的物品。

幫你寄出之後，運輸業者會跟你說怎麼取到你寄的「行李」。

我的流程如下：

1. 運輸業務跟我約時間跑來我家看我有多少東西要送。（其實這段可以省略，因為根本沒多少東西，我覺得我害他白跑一趟，直接講給我兩個紙箱就好。而且因為我家很偏僻，他還坐計程車來。我覺得他的車費可以抵運費了……。他可能以為我有一卡車要搬吧，辛苦他了。）

圖 3-3

2. 約定好搬行李當天，運輸業務跟搬家工人來我家幫我裝箱上車，檢查我的貨品，帶我填表格，說明注意事項，以及到日本怎麼取行李的流程。

圖 3-4

3. 到日本之後，過入管局，準備出關時拿著這兩張申告書過海關。（兩張都拿給海關蓋章，蓋完章後一張給海關，一張先自己留著。）

圖 3-5

4. 出關之後拿著申告書到指定櫃檯登記資料。（此時仍未取貨噢，因為我們公司幫我包的 Package 是包含國際段及日本國內段的。）

圖 3-6

5. 之後會有業務跟我聯繫，詢問我的行李要寄到哪個地址，我租屋的地點確認後提供給日本端的業務，很快就收到我 32 公斤的後送行李囉～～

圖 3-7

租屋大小事

到日本後最重要的一件事情就是——租屋啦～

為什麼呢？因為沒有確認住的地方的話，沒辦法去區公所辦遷入，沒辦法遷入的話，就沒辦法辦手機門號跟網路。沒辦手機也沒遷入戶口的話，銀行就無法開戶。沒有戶頭在日本生活應該蠻多不便的（可能就只能像觀光客的方式在日本生活）。

圖 3-8

接下來分享我租屋的經驗。

我研究了日本的租房種類，一種是 Share House，另一種是公寓套房。

Share House 擁有自己的房間（可能是無衛浴的雅房，或是有衛浴的套房），和其他入住者共用的公共區域（客廳、廚房、陽台、衛浴等等）及共同使用的家電（電視、冰箱、電鍋、洗衣機等等）。

公寓套房你會有自己的門牌號碼，房間、廚房、客廳、衛浴都是自己獨享。但大型家電和家具都要自己購買。

	Share House	公寓套房
簽約年數	一個月至兩年	通常兩年
初期費用	有很多不需要禮金、敷金、仲介費的物件。初期費用較低	大多物件需要繳交禮金，敷金，仲介費。初期費用較高
月租費及相關費用	若在同一區域，大多比同坪數的公寓套房便宜，可能還包含每個月水電瓦斯及網路費等等（但可能是事先約定每個月支付多少）	若在同一區域，大多比同坪數的 Share House 昂貴，水電瓦斯及網路費都全額自付
隱私性及安全性	較低（因為使用同個門牌號，我是有聽過包裹被代收然後沒拿到東西的狀況）	較高（擁有不被打擾的小窩，不用擔心被其他入居者生活習慣影響）
其他優點	可以認識新朋友，互相扶持。不需要添購家具	物件較多，能夠選擇自己想要的家具及電器

表 3-1：日本租屋 Share House 及公寓套房比較表

而我因為可能會有在家上班的需求，另外我怕與他人生活習慣不合，仍是希望有私人的空間，最終我是選擇了公寓套房。

通常 Relocate 到日本，公司配合的 Relocate 公司也會協助安排租屋事宜。

下方是我們公司的基本流程：

公司 Relocate 有合作的房仲業者，業務整理一些適合的房子，給我挑選然後帶我去看房。確認要哪一套房後，他會協助我簽約（法人合約：也就是以公司的名義租房），然後租金會從我的薪水扣除。

但我比較積極一點，在公司合作的 Relocate 業務聯繫我之前，我就自己上日本各大的租屋網去瀏覽租屋資訊。詢問日本人同事意見，還自己跑去其中一間房仲看了房。

不過事實證明，有花錢做功課是正確的，因為我租到連日本人都稱讚的超高 CP 值套房。地理位置也是超級棒，還是在東京治安及生活品質最讚的文京區。（走路就能到東京巨蛋，看棒球跟演唱會都方便，而且東大也在這一區喔。）

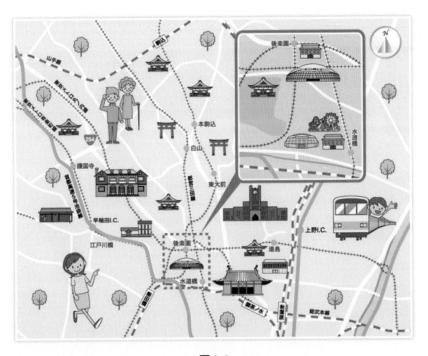

圖 3-9

有初來日本工作的外籍同事（孟加拉人），不像台灣人幾乎人人都飛去日本過。他是第一次來日本，被房仲業者誤導，明明在東京工作卻租屋在超級遠的橫濱。每天都要經歷通勤地獄。如果不賠錢毀約，就要忍受兩年。（通常房租都是兩年一簽，提前解約的話可能會有違約金或是押金拿不回來的情形。）

下方是我在日本租單人套房的流程：

1. 上 SUMMO 依地點尋找房型：

因為我已經確認我公司是在飯田橋附近，為了省下交通時間，我以飯田橋為中心，放射狀尋找適合的房子。

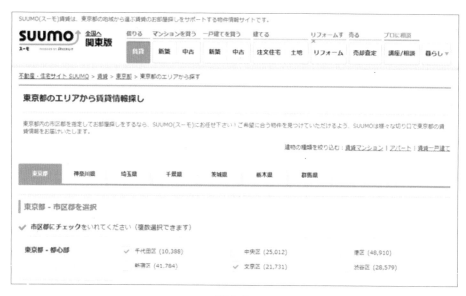

圖 3-10

圖3-11

　　另外有些30年以上的老房子，可能要考量地震防火安全。因為有些很早以前建的老房子，沒有進行改建調整成符合現代防震防災的法規。另外有些超便宜的老房子，甚至沒有浴室，還要去大澡堂洗澡。通常有良心的房仲都會提醒你。（我看房時選了一個沒浴室的，房仲跟我說不好吧。幸好他很有良心主動跟我說，如果我看房沒看清楚，訂下合約的話，可能就要每天跑錢湯洗澡了。）

建議不要不選區域，就直接按照價格篩選，有些便宜的房子，你可能都不敢住。例如綾瀨站附近房子，雖然是在東京都，但是都超級便宜的！！為什麼呢？因為那裡治安相對東京其他地區較差，曾經看過不少該區域的社會新聞。特別是單身女性，通常不建議住這個區域。一個人隻身在國外，還是需要以人身安全為第一順位。

2. 比較房子地點、配備、價格（租金 + 禮金敷金）

圖 3-12

在日本租房的成本，除了最開始的房仲簽約金之外，還有禮金、敷金的項目。禮金就是你繳給房東，感謝他租房子給你。是拿不回來的。敷金就是押金，作為你租屋的擔保。另外退租時他會依照你套房維護的情形，酌收維修費或清潔費，再退還給你。（這邊要在合約白紙黑字上看清楚）

禮金敷金通常是各一個月房租，也就是房租 6 萬日圓的話，禮金 6 萬日圓，敷金 6 萬日圓。

仲介的話有些是收 0.5 個月房租，有些是收一個月（我之前找的エーブ
ル是收 0.5 個月）。有些房子禮金敷金是 0，但他把這筆錢攤在房租裡。
有的則是禮金、敷金各兩個月，但房租很便宜。（因為你篩選的時候，通
常會按照月租費排序，你會發現這種房子會被放在很前面的便宜區，但加
上兩倍的禮金敷金後，你會發現其實差不多。）

至於我是租哪種呢？我是選禮金、敷金都是兩個月，但房租很便宜的。

其實我住到的地方算高級住宅區，房租才 6 萬日圓！！我的日本同事跟
我說住那裡 1K 都是 10 萬日圓起跳。他們也沒想到我可以用 6 萬日圓租到
這間房。

但禮金 12 萬敷金 12 萬。也就是簽約的時候要拿出 6（第一個月租金）
+ 12（禮金）+ 12（敷金）+ 6（仲介費）= 36 萬日圓。

這樣算下來，雖然房租每個月只要 6 萬日圓，但房子的前置費用就要準
備 36 萬日圓。若把前置費用攤提至月租費，實際上沒有原本想像的便宜。

我會選這間也是因為公司會補貼我房子的簽約金，上限是 40 萬日圓。
我只要自付月租就好。所以這種房子反而對我有優勢。

3. 選好自己的幾個標的物後（建議至少找 10 個），到房仲請他帶你看房

我那時候印了幾張紙到了文京區的房仲。跟他說這幾間是我有興趣的。

問題來了。房仲沒有房子的決定權。要帶你看房之前，房仲會一個一個
打電話去問屋主，願不願意租給「一個單身的台灣女性」。

你知道結果是什麼嗎？打了 10 通電話被拒絕 8 通，因為這裡是熱門地
段，房東根本不怕租不出去。反而怕租到「奧客」。特別是日本人很怕外
國人吵鬧影響到其他房客，也怕租期太短，可能一年就想毀約跑人。

所以即使我的房仲說：「此人是 XX 企業的工程師喔！而且是單身女子，不養寵物，不菸不酒」。但還是被超多房東打槍。通常越熱門的地區，越不愛租給外國人。

但還是幸運的找到幾個房東願意讓我看房的，後來選了一間在警察局旁邊的，就準備要來簽約囉！

4. 簽約會有專業的代書跟我簽一些房屋公約，但實際的簽約是由 Relocate 公司派專人去該房仲門市簽訂法人合約。並且房租會從我的薪水撥款。

5. 依照指定的日期入住，遇到問題可以打房東電話反映。我想他們不愛租給外國人的其中一個原因，就是怕語言障礙。記得我有朋友去反應他 WIFI 有問題，跟房東阿北雞同鴨講很久。

6. 入住後，聽日本同事建議，若想和鄰居打好關係，可以送個禮物打個招呼，促進彼此情誼。

圖 3-13

注意事項

另外，已經標明不能養寵物的套房，千萬別偷養寵物！不然被抓到你會很慘，後悔莫及！！！

我看到兩個可怕的例子，都是真人真事。

案例一：某房客偷偷養貓被房東發現（因為小貓喵喵叫），結果被房東告，還被趕出去不能繼續住（因為違約在先）。走到法律訴訟就很麻煩了，特別是人在國外，千萬別以身試法。

案例二：某房客偷偷養貓，出門上班時，被送貨的大哥從門邊聽到。送貨大哥跟房東回報。房東來質問是否偷養寵物，並找裝修的公司來評估賠償，他說：「壁紙，地毯那些都被貓咪沾染，需要整個換掉，這是詳細的清單，XX 萬，請全數賠償。」其實貓咪也沒破壞房間，也沒在壁紙上留下痕跡，房東有點趁火打劫。但因為被房東抓住小辮子了，偷養貓的小姐自知理虧，只好花錢消災。

如果真的想養寵物，就請找可以接受養寵物的房東。

租的房子怎麼是空屋？家電怎麼辦

在日本租屋，和台灣蠻不相同的一點，大多數租公寓房都是空屋不附帶家具電器。當然也有一些少數的物件可能會標註附家具，那他的價格可能會稍高一點。

> POINT ★人気の角部屋／バストイレ別／家具家電付き★
> 【駅チカ・デザイナーズ】5駅4路線利用可の好立地！東京、大手町、新宿まで直通10分以内！安心のモニタ付きオートロック、宅配BOXあり！浴室乾燥、シャワートイレ、室内洗濯機置き場など充実設備♪

圖 3-14

跑完流程終於租到房子了，但是有一個大問題——房子是空屋什麼都沒有啊！我那時租的房子，除了冷氣，IH 爐跟一個鞋櫃之外，什麼家具都沒有。

圖 3-15

我的家具幾乎全部都是網購的！桌子、椅子、腳踏車、電鍋、熱水壺、鍋子、衣櫃、鏡子、吹風機、櫃子、床墊、床單、被套、地毯、螢幕、書桌、暖被桌、冰箱、衣櫃、收納櫃等等。

　上述的東西只要有樂天跟亞馬遜就全部搞定。還能比價且送貨員直接送到我家門口，我也不用辛苦去賣場搬回來。因為送貨的姊姊常常來，我們還變成好朋友了。

圖 3-16

圖 3-17

家具家電買下來也是一筆不小的花費，後來還找到一個超大的 Facebook 東京二手社團，可以便宜或者免費拿到家具等！（我拿了一台咖啡機，加濕器，雙人床墊以及水波爐。）

水・電・瓦斯

開開心心搬進去租屋處後，發現一件奇怪的事情！！

沒水沒電沒瓦斯 XDDD

是的～～在日本房東大多不會幫你簽這三樣東西的合約，要使用者（房客）自行簽約，簽約及繳費都自己處理。

但其實這三樣的辦理都大同小異。

通常是找當地的水道局，瓦斯公司及電力公司。分別打電話聯絡，有一些也可以線上申請。這是我上次申請的公司，但其實有些公司同時有提供水電跟瓦斯，您可以依照自己的需求選擇。

這些服務申請開通的時間通常不會太久。幾小時最長到隔天可以搞定。除非你急著洗澡，但已經過了水電瓦斯公司的營業時間，可能就要到附近錢湯或是飯店洗澡。

圖 3-18

申請流程

1. 電話連絡或網路申請

    電話連絡的話跟他說你住在哪裡，約到訪時間。

2. 服務開通

    會派專人來你家檢查管線，紀錄資料，安全說明，並起開啟相關功能。

圖 3-19

3.收到檢針票及繳款明細

之後你將會收到「檢針票」的東西，也就是專人抄表計算你的使用量以及繳費單。

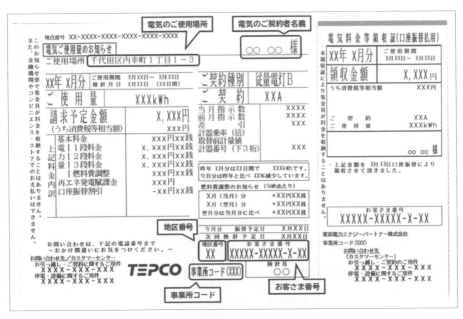

圖 3-20

4.選擇繳費方式（超商繳費、銀行帳戶扣繳、刷卡繳費）

怕麻煩的話，也可以去網站申請自動扣款。每家公司的申請方式可能有所不同。

這些都開通後，終於可以有自己舒舒服服的小窩啦～～～

日本辦手機門號 + 上網

家裡水電瓦斯處理好後，接下來要辦理手機門號及上網。

其實提供這些服務的公司很多，我這邊粗略地以我本身的經驗整理些資料給大家參考。

手機門號

在台灣習慣網路吃到飽，到了日本應該很少人使用吃到飽。因為吃到飽很貴啊。比較之後我發現 LINE MOBILE 很划算，而且使用 LINE、FB、Instagram 都不算流量！也太佛心。例如我的手機其實大多用來滑 FB，回 LINE。因此 LINE MOBILE 是我的首選。

LINE MOBILE

圖 3-21

圖 3-22

其實與日本電信公司三巨頭（以 SoftBank、AU、NTT docomo）比起來，LINE MOBILE 只是小小咖，而且基地台還是跟三巨頭租的。但價格實惠，申請方便，不用綁到兩年，解約金還比三巨頭便宜。

日本辦理手機門號時，即使沒綁購機方案，通常也要兩年，解約金也不便宜（10,000 日圓以上都有可能），攤平在月租費上面其實蠻高昂的。而且本身月租費也不便宜 >"< 預算有限的朋友可以申請 LINE MOBILE。

辦門號流程

住在市區的朋友，若有空建議可以去門市申辦。因為馬上辦馬上拿到 SIM 卡。雖然網路下單，SIM 卡直接寄到家也很方便。但我還是喜歡現場有門市人員指導的感覺 XD

1. 找有辦理 LINE MOBILE 的門市

我印象中大間的電器行（Big Camera、Yodobashi 等等都有電信行），但不一定每一間都有辦理 LINE MOBILE。

2. 準備在留卡（背面要有市公所登記的地址章喔），住民票（你在市公所花錢申請的）及一張扣月租費的信用卡。

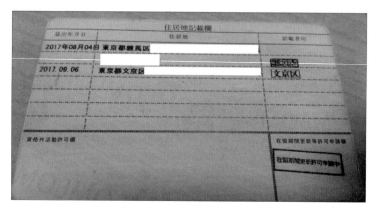

圖 3-23

3. 選擇資費

依照使用量可以選擇你適合的資料，500MB 到 12GB 都有。記得要選有音聲通話的 SIM 卡，這樣你才能打電話跟接電話啊。不然就只有上網功能了。

データフリーオプション	LINEデータフリー		SNSデータフリー	
データ容量	SIMタイプ		SIMタイプ	
	音声通話SIM	データSIM	音声通話SIM	データSIM
500MB	月額1,100円（税込 1,210円）	月額600円（税込 660円）	－	－
3GB	月額1,480円（税込 1,628円）	月額980円（税込 1,078円）	月額1,760円（税込 1,936円）	月額1,260円（税込 1,386円）
6GB	月額2,200円（税込 2,420円）	月額1,700円（税込 1,870円）	月額2,480円（税込 2,728円）	月額1,980円（税込 2,178円）
12GB	月額3,200円（税込 3,520円）	月額2,700円（税込 2,970円）	月額3,480円（税込 3,828円）	月額2,980円（税込 3,278円）

圖 3-24

4. 店員扣款（SIM 卡費用），拿到 SIM 卡

　　SIM 卡有初期費用（不含稅 3,000 日圓），拿到 SIM 卡後店員會協助你測試是否能成功上網。

　　有些台灣的手機跟日本 SIM 卡不相容，可能會導致無法上網。因此門市人員會從清單跟檢查你的手機硬體編號，看看能不能相容才賣你 SIM 卡。

後記

　　LINE MOBILE 服務已於 2021/3/31 停止新契約申請。Softbank 公司收購 LINE MOBILE 至該集團旗下 ，並推出新品牌「LINEMO」提供新的電信契約方案。大家可針對不同電信公司（如 AU，Docomo，Softbank 等）提供的資費進行比較，選擇最適合自己的合約方案。

日本辦家用網路

在前面的篇章我們辦了手機網路,但有 WFH（Work From Home）需求的工程師們,家裡的網路也很重要。

其實如果打算長期待在日本的話,可以辦光纖網路,但通常都要綁 2-3 年,有些還要付初期的施工費用（會到你家拉線）,如果沒滿期解的話可還會賠了大筆的解約費。

其實在申請家用網路的時候,我犯了很嚴重的錯誤,導致被各大電信業務員纏上。也就是我想了解各家電信方案的細節,我就上網填了「問い合わせ」諮詢服務單。

業務們看到一頭傻肥羊自己送上門來,自然不會放過。

某電信的業務打給我之後,瘋狂推銷他們三年的合約方案。我說我可能還待不滿三年呢,我先參考看看。之後確認再跟他說。

業務說:「好的沒關係,你可以參考看看。」我以為的參考看看,只是寄資費的資料給我看。

但是隔一天我接到該電信行施工人員的電話,問我什麼時候可以施工。

我滿臉黑人問號,我說我沒有簽約啊！？

施工人員說:「我也不清楚。但是確實業務幫我排了施工日期。而且相關設備也透過快遞正在寄送中。」

我整個大爆走。我什麼約都還沒簽呢！（粗口中）我也不想被這電信公司霸王硬上弓，我根本還沒打算簽約啊！！

圖 3-25

這時候因為我隻身在外，不懂怎麼處理。後來還是問日本同事，他們說可以找日本國民 Center（日本的消基會）。

圖 3-26

後來我在打日本消基會電話之前，打電話去該電信客服抗議。客服跟我說包裹在路上了，沒辦法取消。

我就回嗆說：「包裹可以拒收啊，我是不會收的。如果你們不給我取消，我下一步就是找國民 Center 了。」

電信客服可能發現這人不好搞，說幫我查詢一下。這時又改口說可以幫我取消包裹，不會寄到我家了。

這時我才安心下來。真是不好的經驗。

但我還是沒家裡網路啊。

後來我自己上網查到一個方案，解約金較低，而且不用施工費用。

他有點像一台大的 WIFI 機，直接寄到我家，我插上去就能當 AP

上網了（Softbank Air）。

圖 3-27

家用網路

因為都是跟電信公司簽約，其實辦理的流程跟手機很像（若忘記的可參考前面）。

1. 準備在留卡，信用卡，住民票

2. 確認資費

我辦的是 Softbank Air，這台機器可以用租的也可以用分期買的。我是用租的，一個月資費如下[※1]。

SoftBank Air	
基本料金	4,880円
Airターミナルレンタル料	490円
月額料金	5,370円 （税込 5,799円）

圖 3-28

網速肯定沒有光纖好，但沒有滿兩年的解約金是 9,500 日圓。

※1　圖 3-28 為筆者當時所使用的價格，最新價格請參照 Softbank Air 的官方網站。

3. 門市填好資料後，機器會在幾天後寄到家裡

圖 3-29

4. 插上電就能使用囉～～

　流程：從盒子拿出來，插上電源，看到有 LTE ／ SIM ／ POWER 有亮綠燈，依照機器下面的 SSID 及密碼連線！

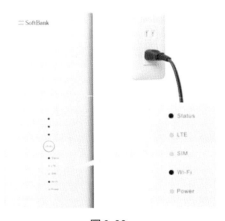

圖 3-30

很簡單就能上網囉！YAYA

　　如果你有高速網路打電動或是直播的需求，可能不是很建議。因為網速肯定沒有光纖快的 >"<

開戶及辦信用卡

忘記提到一個重要的東西，就是開戶及辦信用卡了～！！

有了地址跟手機之後，準備以下東西後就可以前往公司推薦的銀行辦理開戶。

為什麼要是公司推薦的呢？因為可能公司有合作的銀行，薪水戶轉帳比較方便或是有優惠等等的。

有些銀行如果沒和特定公司合作過，可能還會拒絕幫你開戶之類的。

我那時候辦理的是 MIZUHO 銀行。

準備的物品：

1. 私人印章（可以從台灣帶也可以在日本刻一個，在日本刻的通常只有姓氏而且是圓頭的。但我好奇的是，日本同姓的人那麼多，這樣不是很容易被盜？）

圖 3-31

2. 在留卡

3. 公司工作證明（應該入社當天會發，或是有類似證明都可以帶過去，通
   常會蓋公司印章）

4. 護照

5. 在職證明書

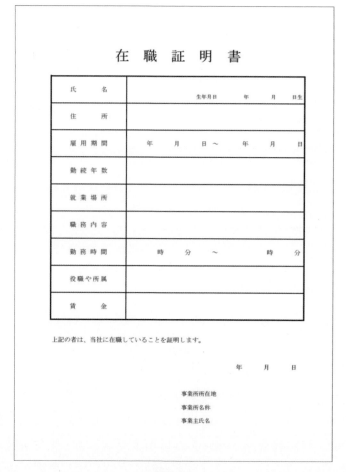

圖 3-32

辦理流程

其實還蠻簡單的，就跟你在台灣開戶一樣，進去之後跟櫃台說一下你要開戶。抽個號碼牌就準備排隊，寫一堆資料以及交一堆資料。

比較特別要注意的事情是口座名義的ふりがな（拼音），也就是戶頭名字的念法，它的重要程度跟你的戶頭號碼相等，因為有時候匯款是看名字的ひらがな／カタカナ（平假名／片假名）才匯款的。如果錯誤的話可能會造成沒辦法匯款。如果是外國人的話，某些銀行戶頭是不登記你的漢字，而登記你的英文羅馬拼音。建議可以上網確認自己的姓名羅馬拼音換成日文平假名ひらがな／片假名カタカナ的念法。然後到日本之後都統一用那個寫法。

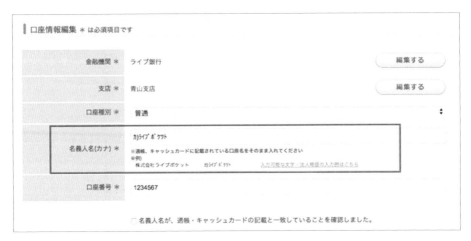

圖 3-33

我會特別強調這個，是因為我在公司都是用漢字的拼音唸法，而在銀行是用羅馬拼音的唸法。所以公司幫我送年金機構的名字讀音跟我銀行登記的是不同的，導致我要回台灣時，辦理年金退款手續，年金機構人員說唸法不同會導致匯款失敗。我只好多跑一趟銀行開立相關證明，再跑回年金機構續辦手續。

舉例說明：

我的漢字姓叫陳，羅馬拼音是 CHEN。

漢字一般的發音是チン（CHIN），羅馬拼音的發音是チェン（CHEN）。

但銀行幫我登記的時候，是使用羅馬拼音的 CHEN，也就是チェン。

チン和チェン對於銀行來說是不同的，可能就會害對方匯款失敗，而你收不到錢。這點要注意啊！

圖 3-34

拿到開戶卡片之後，MIZUHO 幫我辦的是 Debit 卡，也就是裡面有錢才能刷卡的銀行卡。但是我拿到的不是像 16 碼的那種卡片，有些店家可以直接刷卡，但有些不行。而且沒有 16 碼根本沒辦法線上刷卡，還是有點不便。打算來申請一張信用卡。

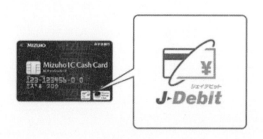

圖 3-35

關於信用卡

申辦戶頭的同時，可以跟櫃台人員說要辦理信用卡。但是櫃檯跟我說我剛來日本，在日本沒有信用紀錄跟資料，可能不會核卡成功。但她還是幫我申請看看。

果不其然兩週後通知我核卡失敗，建議我工作半年後再申請。因為信用機構應該是共通的，也就是說我現在即使去其他家銀行，或是百貨辦信用卡應該都是會被拒絕的。

後來等了半年才去申請樂天信用卡跟マルイ百貨的信用卡。

圖 3-36

從今天開始
我就是日本上班族了

第一天上班

　　把各式各樣的東西都處理好了，隔天就要上班了。

　　好緊張啊！！！

　　我有個綽號叫「緊張大師」。假設我今天是 12:00 的飛機，我可能 8-9 點就到機場。重點是我住桃園，距離機場才二十幾分鐘的車程而已。

　　我上班前一天，為了怕遲到，還跑去公司附近的 HOTEL 住一天。隔天早上直接從飯店走到公司。

　　因為日本人很重視守時，我不想要第一天就因為各種無法預期的事情而遲到。

　　我到公司第一天的流程（每間公司應該都不一樣 XDD）

1. 填寫一堆入社資料

圖 4-1

2. 撥發日本年金本以及健康檢查資料

圖 4-2

3. 公司長官來精神講話

圖 4-3

4. 跟旁邊的同事聊天

5. 小主管集合大家說明之後上班的細節,以及朝禮的流程

6. 正式的自我介紹

圖 4-4

7. 在公司遇到同事時，早上要說：「おはようございます。」（早安），
   下午之後要說：「お疲れ様です。」另外在廁所跟同事對到眼也要說「お
   疲れ様です。」

圖 4-5

8.下班後離開辦公室前，要大聲的說：「お先に失礼します。」（我先走了）

　　這一塊是我最不習慣的。這樣都不能偷偷摸摸的閃人，還要昭告全辦公室的人說我要走了～

朝禮

　　比較特別的是日本會有所謂的「朝禮」，還頗正式的。每天輪一個人負責發號口令（有點像司儀的角色），大家排排站好（通常是圍一個桌子），要很有精神的跟大家問好：「おはようございます！」

　　然後跟輪流的講昨天做了什麼，今天打算做什麼。主管可能也會宣布一些重要事項。可能也會輪流分享一些心得，無論是工作上，還是讀書心得都可以。

圖 4-6

夕禮

下班前半小時，會有一個「夕禮」，也是由同一個人負責。

大家輪流講一下今天自己做了什麼，還有遇到什麼困難。

接著互相說：「お疲れ様でした。」（今天辛苦了），就可以準備下班囉～～

上班的穿著

日本是很重視外表的民族。外表也就是服裝儀容：頭髮梳理的是否整齊，衣服是否燙平清潔，指甲是否乾淨沒有黑漬。

在日本一個職員的穿著就代表這間公司的形象，如果你穿的邋裡邋遢的，又背著這間公司的識別證，其它人可能會對這間公司的形象大打折扣。

每間公司對於上班制服的規定可能不太一樣。但除了工廠或一些門市有規定制服外，Office Casual（辦公室休閒）為主。

Office Casual（辦公室休閒）男性

圖 4-7

圖 4-8

第一天到公司男生可以穿著正式的西裝，女生著套裝。

接著觀察同事的穿著，或是詢問主管是否有相關規定。

不過現在有很多 IT 公司對於員工的穿著很彈性，例如我公司其實也有男生穿涼鞋，T-Shirt 跟海灘短褲來上班。

比較特別要注意的是，日本上班族的穿著習慣可能跟台灣人還是稍微不太一樣。

例如台灣女生蠻喜歡穿小背心或是熱褲或超短裙去公司的，但這些在日本公司是 NG 的！！！

Office Casual（辦公室休閒）女性

圖 4-9　　　　　　　　　　圖 4-10

簡單來說就是露出太多身體部位的裝扮是不行的～～看起來不端莊，也比較沒有專業的感覺。

可能你會看到一些辣妹穿這樣在路上逛街，但穿這樣在日本公司走的話可能會引人側目。

我在日本 IT 公司上班的一天

　　我發現我寫了一堆工具類的，但卻沒好好介紹我在日本公司上班的一天。我的公司在飯田橋附近，而我住在後樂園。其實我每天是走路或騎腳踏車去上班的（根本是日本人的夢，因為不用早上擠電車），我的日本同事有蠻多都要通勤 30 分鐘以上，還有租屋被騙的孟加拉人要從遙遠的橫濱來東京上班～～

圖 4-11

下方是我正式上班後的流程

08:30
│
09:00

悠閒的走去公司（順便買早餐），但大部分的人應該都是先擠一段電車才到公司。

09:00
│
09:30

彈性上班時間（但其實我們公司超彈性，很多人都10:00才到），我們的座位是 Mobile Seat，每個人有個櫃子，早上要去櫃子把東西搬出來。

10:30

15分鐘左右的朝會（講一下今天預定的工作進度）。

圖 4-12

12:00
或
13:00

吃午餐，通常會到公司附近的餐廳吃，或是吃自己準備的便當。

13:00

有一部分人會睡午覺（但真的很少），通常吃飯含休息是一小時到一個半小時左右。

13:30　繼續上班。

15:00　突然想吃零食，到公司休息區的 Office Oasis 購買，自己投
　　　錢自己拿貨，無法找零（雖然我有看過有同事把錢箱打開找
　　　零的 XDDD）這個有點像是跟廠商免費的租賃設備，也就是
　　　廠商提供餅乾飲料的販售，食物快沒時公司福委會通知廠
　　　商，另外也會定期來補充。

　　最後廠商如果發現錢不對怎麼辦？就是公司要補錢啊！不過我想不
會有人吃了沒付錢吧！我沒做過福委也不確定。（這設備我不確定在
台灣公司設置能不能……不虧錢）

圖 4-13

16:30　想去透透氣，直接下樓去樓下的 7-11 或是附近的 LAWSON 買杯拿鐵。（公司有台咖啡機但沒有 LAWSON 的好喝 XDDD）

　　題外話，日本全家跟 7-11 的拿鐵都是店員給你杯子，自己按按鈕做咖啡的。另外我跟日本人在 Slack 說我要去 7-11，沒人看得懂　我後來解釋是セブンイレブン（7-11 日文發音）大家才知道意思。

圖 4-14

18:00　下班囉～～加班嗎？我們公司比較少加班，偶爾有人加班到 19:00，加班到 20:00 的人倒是蠻少的。

19:00　去健身房運動囉！其實日本人運動的風氣很盛行（維持體態）而且重點是，日本人在健身的時候，是不會帶手機的！你也不會看到有人邊滑手機邊跑步，或是邊滑手機邊做器材，或是根本沒做運動，窩在器材上占用。我之前去的超棒健身房，在東京巨蛋附近竟能有 50M 的水道，SPA 池，按摩椅。而且我不用帶運動鞋，運動衣褲，泳衣，襪子，去健身房換就行！

圖 4-15

日本工作的大小事

多元的同事組成

我們 team 的組成很特別。除了日本人正社員外，有從國外 relocate 到日本的正社員，有自行接案的 freelancer（有人是每天都來公司，有人遠在富山一個月只來公司一次），有派遣公司的契約社員，有自行創立人力仲介公司卻把自己派出來的工程師，還有一天只上班六小時的打工媽媽。話說打工媽媽可是很厲害的前端工程師喔，因為要照顧及接送孩子的關係，沒辦法像正社員一樣朝九晚六，因此她選擇透過打工增加家庭收入。

這樣多元的同事組成並不會影響專案的進行，但我想最辛苦的應該是公司人事吧！因為需要針對不同性質的僱傭關係，依據勞基法規劃薪資，福利，社會保險等等。真的很佩服我們公司的人事姊姊。

漢字輸入法

到日本工作後，剛到公司有很多表格要填寫。負責人看我是外國人，還關心我會不會寫漢字。當我一下筆寫下漢字，他更是驚呼連連，誇獎我的漢字寫的很漂亮。這樣的事情屢見不鮮，常常填正式表單都會被問漢字看得懂嗎？或是會寫漢字嗎。我心裡想，我會的漢字可是有 5000 個以上呢，而且寫了 20 年吧！（中文）

此外比較有趣的是，有次我在跟同事一起撰寫專案的資料，用電腦輸入的時候，我忘記漢字「菊」的日文發音。但旁邊的同事正等著我把字輸進電腦，一時情急我立刻切換中文輸入法，用注音「ㄐㄩˊ」把該漢字打出來。同事當下有點傻眼，問我用的是什麼輸入法。我回答其實那是中文輸

入法，因為我忘記菊的日文訓讀或音讀了……並向同事解釋用中文ㄅㄆㄇ輸入法的就能成功把日文打出來。

寫錯主管名字

第一次發信給主管，我就不小心寫錯主管的名字。我有一位同事姓氏是「早川」，而主管的姓氏是「川合」。我不知道那天寫信給主管時，不知道頭暈還是怎麼了，竟然寫錯主管的姓氏，寫成同事的姓氏。

主管雖然回信了，沒有特別提到我寫錯他姓氏的事情。但我後來和日本同事提到此事，他們說寫錯主管姓氏可是大不敬，叫我趕快寫個道歉信跟主管誠懇的道歉。而且該主管是部長等級，對他來說像是神一般的存在，他說他為我捏了把冷汗。還好主管可能看我是外國人不太計較，叫我下次注意就好。

商務電話好緊張以及每次都寫好久的商務信件

我到日本感到比較有壓力的就是打商務電話以及寫商務信件。雖然因為工作性質，我不會接觸到客戶。但有時需要與主管及同事電話及信件往來。每次打電話前，我都會先把模板先整理好，然後依照模板念出固定開頭語。剛到日本的時候，我還花了一些時間背商務電話模板。經過一年洗禮之後，現在不需要看模板就能輕鬆撥打或接起商務電話。

但讓我比較困擾的還是商務信件，雖然有模板但鮮少寫日文書信的我，常常花很多時間寫一封短短的商務信。而且可能收到的日本人覺得我文法錯的連篇，記得之前有次主管還在回信的時候幫我改商務信件的文法，但來回幾次之後他就放棄了。他提到雖然看得懂我的意思，但助詞的使用常常用錯。他理解我是外國人所以這也是沒辦法的事情。這也是我的小遺憾，沒有把日文書信以及助詞的日文文法學好。

下雪的東京

記得有次冬天，日本同事看著窗外憂心忡忡地說：「糟糕，好像下雪了」。從台灣來的我鮮少見到雪，覺得很奇怪，看到雪不是應該都很興奮嗎，他怎麼一臉困擾。我內心還在雀躍的時候，他說道：「等等交通又要大亂了！」。後來聽到他解釋才知道，日本雖然是下雪的國度，但首都圈沒那麼常下雪。而積雪對東京人反而是個困擾，因為電車有可能因積雪而停駛，走路還容易滑倒。就像台灣的颱風假，我們公司下午自主放了「下雪假」，在積雪還未深時請員工提早回家，避免遇到電車停駛，住比較遠的同事就回不了家了。我因為住的離公司近，還能走路回家，但我那天剛好穿了一個沒有止滑的馬靴，走在路上差點滑倒好幾次。雖然下雪的東京令人有點小困擾，但看著飄雪的東京似乎有種不同的韻味。

日本假期超多

到日本工作最驚喜的事情就是——國定假日真的超多的！打開日本的年曆查看，你會發現周一到周五的紅字（休假日）真的非常多。山之日，海之日，敬老的日等等，常常覺得自己每個月多放了好幾天假。而且因為我們 team 外國人不少，貼心的主管還會提醒大家，隔天休假不要來公司喔！非常棒的小確幸。

此外，我們公司的特休假也不少，第一年過 3 個月試用期就給我 20 天的休假，以及 4 天的夏季休假。而且這些假都是看得到也吃得到的。我們主管蠻鼓勵大家把假休好休滿，我就常常利用這些假去日本各地遊覽，感謝我的公司，真是一個幸福企業。

公司贊助的每月交流會兼大餐

我們公司為了促進不同部門的交流，規劃了一個午餐交流會活動。他把全公司各部門的人打散，分成不同的組別。每個組別裡面有行政，業務，

開發等同事，並提供經費讓同組別的員工一起去吃大餐。平時雖然都在同一個大空間工作，但因為部門不同基本上沒有交流。這個活動讓我不只能每個月吃到不同美食，還能跟不同部門的同事交流，好棒的活動呢！

Q & A

Q1：日本工程師上班專注嗎？有沒有薪水小偷。

A1：依據我的觀察，我的日本同事，在電腦裡面不會安裝 LINE 或 FB 等私人通訊軟體。另外他們上班不會看手機，不會滑 FB，不會逛網拍。當然偶爾的放鬆，可能瞄一下新聞的還有可能。但我真的覺得薪水小偷或是滑手機的比例很低！！（我的話還有點改不掉看 LINE 的習慣 >"< 自我反省中）

Q2：日本工程師中午是外食還是自己帶便當？

A2：應該是一半一半！結婚的如果有愛妻便當會吃便當，女生自帶便當的也不少。我的話呢，因為我做的菜很難吃 XD 所以我都會出去吃～～

Q3：日本工程師上班會不會聊天？

A3：會，但是可能就是坐旁邊也用 Slack 聊。主要我們都是開放式的 mobile seat，聊天也盡量不要影響附近的人。

Q4：IT 公司女生多嗎？

A4：開發部只有 2 個女生（一個 UI 一個後端），男生大約 2X 個。但我們行政，業務，行銷女生就很多了。

Q5：同事外國人多嗎？

A5：我們 Team 蠻多的。（有韓國、香港、台灣、孟加拉、中國）

Q6：會有歧視問題嗎？

A6：工作上沒有歧視。但工作以外的有稍微遇到，其實我也不確定算不算歧視。像是我有時候素顏還穿一個帽 T 去公司。同公司的 RD 倒是還好，因為男生可能也沒差。但感覺遇到別的公司的姐姐有鄙視我的感覺。不過我覺得因為我沒把自己好好整理，也算不尊重別人。（傷人家的眼）人必自重而後人重之。

下班後的同事交流（飲み会）

很多人看日劇或是綜藝節目可能都會發現，日本人下班真的很愛去居酒屋喝一杯。也就是「飲み会」。或是有些擔任業務的可能都要去跟客人喝酒搏感情。

那在日本 IT 界呢？我只待過一間公司可能見識不廣。但是依照我個人的經驗，我覺得工程師下班喝酒聚餐的比例還是比較少的。

可能是大家下班就想回家宅，真的有聚餐也是一個月 1-2 次而已。但業務的頻率確實比工程師高一些。（我有個業務女同事好會喝啊！！）

圖 4-16

飲み会什麼時候會有

通常會是迎新（有新人員工來）送舊（有人離職）升遷，或是類似台灣的春酒尾牙（忘年會）等等。

飲み会喝什麼

日本人很愛喝生ビール（生啤酒）。可能去飲み会的九成的人都喝生啤。不過也沒限制啦，因為我不喜歡喝生啤酒，我都點水果酒。類似梅酒或是檸檬沙瓦。但是跟大家乾杯的時候可能會比較沒 FU ～ XD。梅酒通常都很小杯。冒泡的生啤酒乾杯的時候好像特別盛り上がる（能帶動氣氛）。

真的不喝酒的喝果汁也可以。

飲み会吃什麼

毛豆，串燒是定番。生菜沙拉，炸物，餃子炒麵可能都有。主要看幹事叫了什麼。我的經驗是，好像都沒吃很飽 XD 都是喝酒喝飽的。

飲み会玩什麼

除了聊天聊八卦外，如果是比較朋友間（非公司）會有一些喝酒的順口溜的（飲みコール），去勸酒或是帶動氣氛。

我之前蠻常看到飲んで、飲んで飲んで飲んで......（也就是，喝！喝！喝！）

飲み会的禮節

好像女生都會主動幫男生倒酒之類的。即使該女性比較年長，也會幫忙年輕的工程師倒！

另外快結束的時候，主管可能會出來精神講話一下，最後會來一個「一本締め」，拍三次連拍三下，最後拍一下。或是「一丁締め」，也就是拍一次手，最後閉合。

圖 4-17

圖 4-18

飲み会結束之後，第二攤～～

結束之後通常還會去續攤，不過我通常都沒參加 XDD

都早早回去睡覺。

續攤可能會去吃拉麵，或是繼續去找下一家店喝（！！？？）

下班後的日本讀書會（CONNPASS）

日本下班後除了跟同事去居酒屋，還有什麼可以做的事情呢？

就是去參加各式各樣的技術讀書會，交流會等等。

不僅僅可以學到技術，累積人脈，還有吃有喝。超級棒的啦！

CONNPASS 則是一個日本平台，類似 MeetUp，但主要以 IT 技術為主的社團。可以在上面參加讀書會，小型活動，甚至大 CONN。

CONNPASS 網址：https://connpass.com/dashboard/

圖 4-19

報名方式跟 KKTIX 很像，另外如果很多人報名的話，可能會用先到先贏的方式，或是抽籤的方式參加。

LINE 日本也辦很多讀書會～而且都是免費的。

圖 4-20

最下面的懇親會，就是免費的吃吃喝喝活動囉！可以趁機跟其他工程師聊天。

圖 4-21

　　我蠻推薦去參加這些讀書會的，除了能精進技術之外，因為很多活動，都辦在各大公司（例如：LINE、Eureka、SalesForce），可以順便參觀一下這些公司內部，並且交流。

日本企業文化：報・連・相

如果你在日本買寫給剛出社會的人的商務書籍，你會常常看到：「報・連・相」（HOU REN SOU）這三個字。

ほうれんそう（HOU REN SOU）這個音，在日文不是「菠菜」的意思嗎？

圖 4-22

這三個字其實全名是：「報告」「連絡」「相談」，是日本企業文化的精華。也是每個日本人在公司的相處之道。

圖 4-23

「報告」「連絡」「相談」定義

在日文維基百科的定義是這樣的

報告

部下が上司の指示に取り組みつつ、途中経過を報告すること。

翻譯：部下聽從上司的指示做事，並且在做事的過程定期回報進度。

說明：

平時工作的內容，被指派的任務。執行的過程和進度都要定期的回報。無論是下屬對上司，或是學弟對學長等等。

報告的項目可以包含：業務的進度，完成後主動回報，有發生任何失誤或是麻煩的主動回報。

圖 4-24

連絡

自分の意見や憶測を含めない関係者への状況報告。

翻譯：不包含自己意見或猜測，將事實與關係者報告。

說明：

需要聯絡的通常是事實或是決定事項，必須讓關係者知道的事情。不能包含自己的意見喔！

聯絡的項目：除了自己工作上的事情定期與關係人聯絡及分享資訊外，包含請假、遲到、早退的聯絡，公司公告事項（例如人事部及總務部的公告等等）都要確實讓關係人知道。關係人可能是你的主管，你的同事，你的下屬等等。

圖 4-25

相談

自分だけで業務上の判断が困難なとき、上司に意見をきくこと。

翻譯：如果在工作上遇到判斷困難的時候，向主管詢問意見。

相談的事項：遇到的困難，工作或業務上的煩惱，或是無法下決定或判斷時。

圖 4-26

沒有「報告」「連絡」「相談」的慘事分享

如果沒有「報告」「連絡」「相談」，會發生什麼事情呢？我之前有個不好的經驗，分享給大家做為借鏡。其實不管是在日本，我覺得在台灣也會遇到類似的事情。

我之前被分派開發一個 feature（功能）。但我不確定是我日文不好，還是可能沒搞清楚學長的意思。他那時候把 Spec（規格）給我，討論了一下，他問我：「所以妳現在懂要做什麼了吧！」。我那時候以為我懂了，但我可能是一知半解。

後來要開始實作了，搭建完環境開始寫 CODE。SPEC 上有些是大方向的說明，我憑著當時學長跟我討論時的微薄印象，硬幹完了那個 Feature。還自信滿滿的想說：「耶，辛苦了好幾天終於弄完囉」。那個 Feature 大約花了我一週的時間。開開心心的送了 Pull Request 給學長 Review[1]。

過了一會學長來找我：「你寫的這些......好像跟我之前跟你說的不太一樣？」

我：「！！！？？？」

學長：「這些可能全部都白做了。你之前沒聽懂怎麼沒多問我？這禮拜中間怎麼都沒報告一下遇到的困難或是做的進度。」

我辛苦了一週的心血都白費，原因是我根本做錯方向，可能是我沒聽懂，或者誤解意思。

※1　請求專案負責人把程式合併到既有專案裡的動作。

會發生這件事就是因為我犯了以下問題：

1. 沒有「報告」及「連絡」：這一週來我都沒主動跟學長回報我具體的工作內容。其實我們有每天的 Daily Stand Up Meeting，但是我可能只有說：「這個 Feature 進度幾 %」，或是「大概還需要多少時間完成」。但實際的內容都沒有報告出來或是主動聯絡讓學長知道。

2. 沒有「相談」：我遇到不確定的事項，透過自己臆測去執行。另外我在執行上有困難，也沒主動去跟學長討論。反而做了白工，讓進度延宕，讓學長和 PM 困擾。

我之前不敢問，是怕學長覺得我煩。不是說聽懂了，怎麼又一直來問。

不過不問反而更慘，做了一整週的白工。

從那天起，我決定要好好的「報告」「連絡」「相談」。

「報告」「連絡」「相談」可以使用的日語

〈報告的時候〉

「〜の件で報告があります」

「〜の件について、報告いたします」

翻譯：關於〜〜的事情，想跟您報告。

〈報告如果延遲〉

「報告が遅れて申し訳ありません」

「ご報告が遅れて申し訳ございません」

翻譯：報告延遲了很抱歉！

〈遲到和回公司時間的聯絡〉

「電車遅延のため、出社が○時になります。よろしくお願いします」

翻譯：因為電車誤點了，○點才會到公司。請多指教。

「打ち合わせが長引いたため、帰社時間が遅れます」

翻譯：因為會議時間很長，可能會比較晚回到公司。（外出開會回公司的時間較晚）

〈 請假的聯絡 〉

「おはようございます。○○です。 大変申し訳ありませんが、本日は
体調不良のため、お休みをさせていただきます。ご迷惑をおかけして申
し訳ありませんが、どうぞよろしくお願いいたします」

翻譯：早安。我是○○。真的非常對不起，我因為今天身體不舒服，請
允許我請假。造成大家的不便很不好意思。

「 明日はお休みを頂戴しています。よろしくお願いいたします」

翻譯：明天請讓我休假，謝謝您。

〈 想討論的時候 〉

「お時間のあるときで構いませんので、○○の件についてご相談させ
てください」

「お時間のあるときで結構ですので、相談に乗っていただけないでし
ょうか？」

翻譯：您方便的時候，我可以跟您討論有關○○的事情嗎。

日本商務禮儀：名片交換

到日本上班，最重要的一項就是交換名片啦。如果去拜訪客戶，或是有客戶來訪，名片交換做不好的話可是很丟公司的臉的。在日本交換名片可是大學問啊！

通常都是由拜訪的一方先拿出名片（但是非強制）。

由自己先拿出名片

1. 首先先介紹自己的公司職稱及姓名。準備好自己的名片，方向必須是對方一拿到就能看到正向的字（而不用另外翻過來），然後以 15 度鞠躬的方式遞給對方。

圖 4-27

2. 如果對方同時也遞出他的名片，則必須用「平行處理」且「右側通行」
   的方式交換名片。這還蠻難的，我練習好多次才變順。

3. 如果對方是先直接收你名片，你就直接雙手遞出去就可以囉！

4. 若您是被拜訪的一方，對方可能會先拿出名片。

由對方先拿出名片：

1. 對方遞出名片，要雙手接下對方的名片，並且放到自己的名片盒下方。

2. （先收下的場合）收下時說：「ありがとうございます。頂戴いたしま
   す」（謝謝您，我收下了）。收下後，拿出自己的名片，並且雙手遞出，
   要點也是方向是對方接收可以不用旋轉名片的方向。若沒先收下，則是
   透過「平行處理」且「右側通行」的方式交換名片。並且位置要低於對
   方的位置。

圖 4-28

3. 如果是在位置上換的話，記得要把名片放在名片盒上喔（單一張的話）。多張的話，有兩種方式，一種是按照對方的座位相對位置（這樣比較不會搞錯人），另外一種是按照對方的職位順序，整齊的擺放至自己前方。

圖 4-29

台灣工程師的優勢與劣勢

　　我在日本的工作因為是技術相關，大多的時候都是和機器打交道，因此和在台灣擔任軟體工程師沒有太大的不同。

　　比較困難的部分和同事間專案的 Wiki 內容^{※2}的撰寫，或是功能文件的撰寫。我在的公司主要溝通語言是日文，因此以日文撰寫文件為主。雖然我已經學習日文已久，但很少用日文寫作的我，可能會發生用錯文法，錯字，或是不知道怎麼表達的狀況。雖然現在 Google 翻譯很強大，可以直接幫我中翻日，但同事有時候可能還會小小困擾，無法理解我想表達的意思。台灣人到日本工作可能難免還是會遇到語言相關的問題。但大多的時間都還是與機器為伍，相信不會是太大的阻礙。

　　而台灣人也是有優勢的。台灣人普遍從小就開始學英文，因此英文能力都還不錯。先前在開發某功能時需要串接一個第三方 API，但該公司僅提供英文版文件供參考。我在這個方面就有優勢，因此我實作串接 API 時也比較快速，沒有遇到太大的困難。同事有時不太確定文件內容時，也會詢問我。

　　在日本工作，最基本的技能就是專業技術。不可或缺的則是溝通能力，即佬你不會日文，至少也需要英文，如果真的都不會，那要到日本工作會有點困難，除非你是去以台灣人或中國人為主的公司。而加分條件當然是日語，如果你的日語溝通無礙，甚至能使用商務日語與同事或是客戶溝通，能挑選的企業變多了，另外對於想長居日本發展職涯的，日語能力也是不可或缺的。

※2　專案的定義及說明文件等等。

日本生活大小事

台灣人可能不知道的日本禮儀

很多人到日本之後還是把一些台灣的生活習慣帶來 (包含我自己也是)，但日本人看了可能很受不了。

日本是很注重「不要造成別人麻煩」的民族。既然到了日本就入境隨俗，調整一下自己的生活習慣。

1. 穿鞋不穿襪子

這一點是針對女性。日本很多女生穿涼鞋也都要穿襪子。因為他們從小就教育穿鞋不穿襪是很不衛生，而且會有腳臭。

但似乎有日漸放寬的趨勢。因為我也看到越來越多的女生不穿襪直接穿鞋。

圖 5-1

2. 素顏到公司

這個部分比較針對女性，化妝對日本人來說是一種禮貌。素顏走在路上對日本人來說是很沒有禮貌的行為。（他們連去附近超商買東西都會化妝喔！）

3. 邊上班邊吃東西

日本人對工作是很敬職的。邊上班邊吃零食感覺有分心，不專業，且不衛生的感覺。

4. 到公司吃早餐

圖 5-2

日本人習慣在家裡吃一頓自己煮的豐盛早餐。有個活力的早晨再上班。然後到公司吃早餐通常給人一種匆匆忙忙出門的感覺，而且給同事感覺不好。覺得你好像很隨便。（不過我公司好像還好，可能工程師就是比較隨性一點。）

5. 在車上講電話，或是響鈴模式

你在日本電車上，即使那麼多上班族，也很少看到有人在電車講電話。就是不希望影響到別人。因為大部分的人通勤時間很長，有些人會休息或小睡一會，彼此尊重不要互相影響。

6. 在車上化妝

畢竟化好妝出門是日本人的禮節，在電車上變身當然也是不太禮貌的 XD

7. 在路上邊走邊吃

邊走邊吃對日本人來說很不禮貌啊～～～無法解釋的就是不禮貌啊！好孩子不要學 XD

8. 吃飯前不洗手或不用おしぼり（擦手巾）

可能是從小養成的習慣，他們的餐廳（就連去超商買食物也是）都會給你擦手巾。吃東西前要擦擦手才是衛生的好孩子。我之前剛到日本都是吃完飯才擦，同事大概覺得我很不衛生吧 XD

9. 和同事拍照任意 PO 網或打卡

　　日本是很重視個人隱私的民族！！而且你拍的當下可能他表情不好看，若是跟同事一起拍照，沒有經過許可就上傳到 FB，Instagram 等等的話，對方可能會生氣或是叫你移除的。我之前的經驗是，如果沒詢問的話，可能就要用圖案把對方的臉蓋住，才能上傳。

日本也不是 100% 安全

大家應該對日本的印象，就是覺得日本治安應該超級好吧！

其實日本還是沒有大家想像中的安全。

畢竟壞人全世界都有，是吧！

我就我所遇到的，或是所知道的事情分享給大家。

畢竟出門在外，不管男生女生都還是要注意人身及財務安全。

人身安全類

1. 按門鈴的不要任意開門，要有小孔可以看外面的情形。

我看過日本社群網友分享的恐怖案件，是在比較偏遠的地方。有個女生被按門鈴，以為是送貨的就開了門，可怕的事情就發生了……。所以請大家不要隨便開門啊！

大家可能會想，這應該是常識吧，怎麼會有人開門。

日本真的很多推銷的，NHK 來收錢，檢查水電的，送貨的，都會直接按門鈴。我之前遇到的話，如果不是有跟我提前告知，或是有跟我預約的，我會假裝沒人在家 XDDD （靜止不動 10 分鐘直到對方離開）。畢竟除了安全之外，推銷的真的太多了。

2. 夜間不要一個人獨自走在人煙稀少的地方或暗巷

日本很多商店 20:00 就下班，其實有些小巷子晚上真的沒什麼人，也是蠻危險的。此外晚上有很多喝醉酒的人，我之前走在路上，他們一群人就在路上發酒瘋，對我叫囂。我發現情勢不妙，嚇得趕快拔腿就跑。晚上建議不管是男生或是女生，都不要一個人獨自走在人煙稀少的地方或是暗巷。

3. 電車癡漢（女生注意）

我搭通勤電車的時候，時常都是被擠得跟別人背貼背（包含男生）。有次我恰巧穿了短裙＋絲襪，我可以感覺到有一個手掌覆蓋在我的大腿上。我看到手的方位正巧是個上班族大叔，我不確定他是故意的還是不小心的。但我立刻拿起我的包包打他的手（也不能確定他就是癡漢，就假裝是不小心打到的）。如果他真的是癡漢的話，應該不知道台灣女生不好惹。以為我會害怕的不敢做反應？被我打的這大叔一到下一站就下車了。

女生在日本搭電車都要提高警覺，聽說很多被騷擾的女性都是怕丟臉，或是害怕沒人會幫自己。結果真的就任由癡漢騷擾也無法抵抗。

4. 小心被當成電車癡漢（男生注意）

知道在日本有個保險，叫做「癡漢冤罪保險」嗎？就是如果被誣告成癡漢的話，會有法律輔導的人，幫你打官司。費用是包含在保險內的。就是在喝酒旺季（類似春酒尾牙期間）的時候，喝得醉醺醺，在電車上剛好跟女孩子碰撞的話，有可能明明不是癡漢還被控告！！

另外除了保保險之外，男生上車的時候，最好手都高舉，或是抱著自己的包包。以免手誤觸女性，被誤會成癡漢的話也是很麻煩啊 XDDD。

財務安全類

收到莫名其妙的包裹（身に覚えのない荷物）

在日本其實詐騙集團也不少。我之前曾經收到貨運的通知，通知我在什麼時間點收取包裹。但我當下立刻回想，我最近根本沒有訂什麼網拍啊。我立刻循著貨運單號反查，發現寄貨的人跟住址我根本不清楚。我詢問貨運的人，他們說他們只負責收送貨也不知道內容物是什麼。

我立刻上網查該住址，發現是一間「金屬相關的公司」（？？）。我根本這公司毫無任何關係啊。

上網搜索了一下這種包裹的資料，發現日本有一種犯罪手法就是，先把沒有價值或是你根本沒有訂購的貨品寄到你家，等你或是家人幫你收貨後，再跟你請款。你也無法拒繳，因為他們手上有你取貨的紀錄。

這種手法跟日本購物的付費方式有關，日本某些店家可以先取貨後付款。當下也不用付款給貨運人員。在收到貨品指定時間內，轉帳給該公司即可。而這種詐騙集團則是鑽這個漏洞，透過寄送貨品再強制收款詐騙。而受害者通常是在上班時間，在家裡的家人以為受害者有訂貨，而幫他代簽收取貨。直到受害者到家裡之後，打開包裹才發現中招。

我家旁邊就是警察局，我跑去諮詢警察之後，他跟我說：「直接拒收」就行了。日本的包裹是可以拒收的，而貨運公司會退回給寄貨方。我後來立刻打給貨運說我要拒收貨品，因為我沒有印象我有訂此包裹。貨運也很阿莎力的說好，畢竟他多跑一趟而我還是拒收。他不用過來一趟也好 XD

雖然到現在為止我還是不能確定那個包裹到底是不是詐騙。但這個手法確實是存在的。大家在海外也要多多小心。

圖 5-3

日本用餐

外食系

來到東京之後，除了交通費（電車‧地下鐵）比較貴，租屋比較貴，其中有個也很貴的就是吃飯費用！！如果自己煮確實可以便宜很多，但是我會的就是那幾道菜。

早餐：

早餐的話日本人習慣自己煮（味噌湯、吃納豆、玉子燒等等），日本人因大學之後通常就離開家鄉獨自生活，且因外食昂貴，蠻多日本人都還需要打工賺學費，為了省錢因此自己下廚的比例很高，男生女生會做飯的很多。另外我比較少看到日本人在公司吃早餐，好像只有我在公司吃早餐（汗）。依日本人的工作特質，我認為這是一種敬業的表現，對公司的尊重，此外也避免食物的味道影響同仁。

但在台灣已經習慣買美而美，超商三明治加拿鐵咖啡的我，來到日本之後還是有點難改掉在台灣的習慣。我的早餐時常在便利商店，或是連鎖咖啡廳解決。因為連鎖咖啡廳，也有平價的早餐套餐可以挑選，我最常吃的就是DOUTOR COFFEE 的 390 日圓早餐套餐。有一個三明治以及一杯拿鐵咖啡（飲料有冷熱奶茶和咖啡等選擇）。因為價格實惠，離公司近，還有座位及 WIFI，讓我不需要把早餐帶進辦公室，就能在此悠閒的享受早餐。

圖 5-4

午餐及晚餐：

　午餐的話我的日本同事外食的比例也蠻高的，但通常大家都是自己去吃。也是有同事自行準備便當或是帶愛妻便當。我的話曾經嘗試幾天自備便當，但實在費神又不好吃（我真的很少下廚），後來找到幾家 CP 值高又好吃的餐廳或便當，作為我每天午餐的首選。我的午餐大約每天是400-800 日圓左右，如果 1,000 日圓以上的話就算那天吃比較好的。畢竟每天中午吃 1,000 日圓累積下來也是一筆錢呢！晚餐的話我和午餐吃得差不多，偶爾心血來潮也會自己煮個幾道菜。

300-500 日圓左右：

1. 超市或唐吉軻德的便宜便當

圖 5-5

2. 平價的連鎖麵店。例如：富士そば（蕎麥麵）

圖 5-6

600-800 日圓左右：

1. 連鎖中華料理。例如日高屋。

　　這間真的是我的愛店，便宜又好吃。我最常點的肉野菜炒め（炒肉及青菜），有足量的肉和青菜，營養均衡（口味可能比較鹹一點）。他們家的豬腸，豬肝料理調理的真的很好吃。我之前貧血嚴重就常常去吃豬肝。是全省連鎖的店喔，有來日本的可以體驗看看。

圖 5-7

2. 連鎖義式料理「薩莉雅」

CP 值超高的薩莉雅，這間其實台灣也有連鎖店。他的價錢真的是佛心來著。在高物價的東京，午餐套餐只要一個銅板 500 日圓！如果再加飲料吧喝到飽，也只要 110 日圓。是不是很佛心。基本上超過 12 點去可能就會沒位置，要等到 20 分鐘左右。

圖 5-8

佛心來著午餐套餐，有沙拉、湯、主食、白飯，再加飲料吧才 600 日圓左右。

你問我怎麼沒去吃松屋、吉野家、すき家（Sukiya）等牛丼連鎖餐廳？

對！ 300 到 500 日圓就能有大碗飯滿滿的牛肉喔！！是不是 CP 值超高！

圖 5-9

　　單純牛丼的話，300 至 500 日圓就能吃得很飽。我剛來日本的時候也覺得超級便宜，常常去吃。

　　但是有位日本男同事跟我說了句話之後，我就沒再踏進那些餐廳一步！！（真希望他從來沒跟我說過啊啊啊）

　　男同事：「日本女生不會一個人去吃松屋的，大口吃著牛丼（男子漢料理），這種女生，我們男生沒辦法拿她當女朋友。」

　　我：「！！！！！（晴天霹靂）」

　　這麼一回想，我之前走進去松屋或吉野家的時候，99% 都是男生。而且我一踏進去就會惹來眾人目光。原來日本女生很少一個人進去吃的啊！

　　原因是日本女生上班族去公司都要美美的，如果化著美美的妝，卻大口大口吃著牛丼飯，可能會有點破壞形象。日本女生好辛苦啊。後來我都不敢一個人進去連鎖牛丼店吃飯。

自炊系

　　雖然我自己很少煮飯，但相信也有讀者會想自己煮，不只省錢，又能吃得健康。東京比較少傳統市場，但是超市倒是很普遍。我住的地方騎腳踏車 5 分鐘就有一間蠻大的超市，青菜、肉品等食材都可以在超市採買到。

圖 5-10

　　但因為我會煮的菜都是比較台式的料理，時常會需要用到蔥、薑、蒜等材料。最讓我痛苦的就是，日本的蒜頭好貴啊！如果能找到比較像傳統市場的話有機會買到便宜蒜頭，但是我在超商看到的不是高貴的進口蒜頭，就是包裝精美的日本蒜頭（印象中一顆 300 日圓）。但因為是我習慣的調味材料，只好硬著頭皮買了。

圖 5-11

另外我覺得日本超市很棒的一點就是，如果你有買肉品，他都會附冰塊包給你避免太快退冰。真的是很甘心。

　　自己煮真的可以省下不少錢，如果附近有超市的話，也不妨自己煮晚餐，及準備隔日的午餐便當喔！

日本交通

電車通勤

大家去日本旅遊前，一定常常聽說日本的早上的通勤電車很可怕，除了擠，還是擠。還沒去日本之前，我曾經在網路看到，電車站長幫忙把人壓進去車廂裡面，費盡千辛萬苦才把門關上的辛苦畫面。

圖 5-12

大家到日本工作，如果不是住在公司附近的朋友，相信每天都要經歷兩次滿員電車。

和台灣不同的是，日本的公司大多都有提供通勤手当（交通補助）。這個部分的補貼是不會被政府課稅的。每間公司的補貼金額不太一樣，有些

是全額給付，有些是有設定上限。有些同事因為全額補貼的關係，願意住離市中心較遠的地區，通勤費較高但公司全額補助，且能租到比較便宜的房子。我先前公司補助的方式是公司會請你登記自己居住的車站別，然後再計算到公司車站的金額，給與半年票的費用補貼。拿到補貼之後，再自行去車站購買半年票。

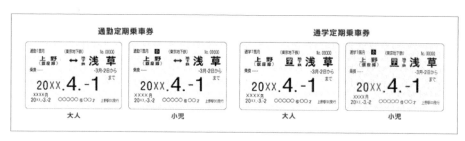

圖 5-13

這個半年票除了平時通勤還有個好處，假設你假日的生活圈也在那附近的話，其實就算不是通勤也能來回搭乘。這樣超棒的啊！

搭電車通勤還有一個特別注意事項，就是每天上班前記得查看一下電車運行情報的網站（例如 Yahoo 路線情報），避免搭到已經延遲的車輛。

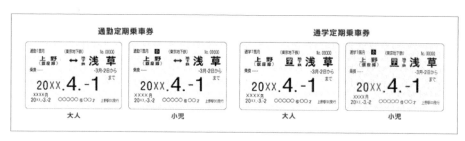

圖 5-14

日本的電車在通勤時間其實也蠻常遲延，但這問題通常不是因為人太多，也不是因為司機技術不好。很常是因為一個特殊的原因——人身事故而造成延誤。其實這是難過的事不想著墨太多，但我先前在日本工作時，很常看到相關的訊息。特別是沒有月台門的車站發生機率更高。如果因為電車延遲而遲到，通常可以在該電車或鐵路公司的網站上下載相關證明文件，因此也不用太擔心。

圖 5-15

腳踏車通勤

　　住在東京的人，不像台灣人大多喜歡騎機車，反而騎腳踏車非常發達。甚至有許多比機車還貴的電動腳踏車，很多主婦用來載小孩及買菜。

圖 5-16

　　但市區的腳踏車停車格幾乎都是要收費的，亂停可是會被記交通違規及罰錢的。你可能會疑問，腳踏車又沒車牌，怎麼抓？其實日本針對腳踏車登記非常嚴格，買了新的腳踏車，或是接手人家二手的腳踏車，都必須去政府合作的腳踏車行做防盜登記。

防犯◉登錄
ＡＡ00001
香川県警察

圖 5-17

我之前曾經有差點因為腳踏車被「逮捕」的經驗，就是因為我偷懶沒去做防盜登記。我的腳踏車燈正好壞了，還沒有時間去修理。在傍晚的時候我優閒地騎著腳踏車準備去買菜，被一個警察叫住。他問我怎麼沒開車燈，我回他剛好壞了（其實晚上沒開車燈是違法的行為，好孩子不要學啊，警察其實是可以開我違規罰款的）。警察發現我的口音不是日本人，請我出示在留卡並要檢查我腳踏車上的防盜登錄貼紙。他發現我沒防盜貼紙後，立刻開啟審問犯人模式，因為他懷疑我腳踏車是偷來的，偷了之後把貼紙撕下。我跟他解釋腳踏車是我買的，但他還是不相信，準備把我帶回警察局。此時我想起我在樂天有購物紀錄，我立刻開啟購買紀錄頁面給他檢查，他看了之後才放我走，然後嚴厲警告我要趕快去做防盜登錄以及修理車燈。

在經歷差點被警察逮捕的驚魂之後，我立刻聽從警察的話把車燈修好了，也去做了防盜登錄。在登錄之後如果不小心車子遺失了，是有機會找回來的。請大家去日本要好好遵守交通規則喔！

日本理髮

日本是很重視外表的民族～～（強調強調）
因此理髮也是很重要的！
你在東京街頭看到那麼多俊男美女，其實都會發現他們頭髮都有認真在保養！

我之前在台灣一間日本人的美髮店，日本店長還抱怨：「台灣人好像很久才去一次理髮店。就是長到受不了了才去處理。那些錢寧願拿去吃一頓大餐也不去理髮 XD　我們日本人不管男女，一個月至少都會去理髮店一次啊啊～～」

聽了其實我也羞愧（？）因為我也頂著布丁頭一陣子了 ...... 布丁頭是什麼？也就是之前染過頭髮，但黑髮長出來，在頭頂就是布丁頭了 ...... 日本人對布丁頭是很不能忍受的。

另外日本男生蠻多人會去燙頭髮，真的蠻有型的。
但要每天整理 ...... 為了帥氣勤勞一下吧 XDDD

那日本美髮院的價格如何呢？

其實乍看之下會覺得比台灣貴，但如果你在網路上預約且有優惠券的話其實蠻便宜的。因為日本美髮業競爭也蠻激烈的，他們為了吸引你進去，對於第一次上門的客人，通常都有很大的折扣。

有一個很棒的平台整理了很多美髮院優惠，也有分男性和女性的網頁可以分別查詢。

這個平台叫作：Hot Pepper Beauty

圖 5-18

我們隨便點一間進去看，點選 Coupon 的 Tab（クーポン）
剪染護頭皮按摩才 9,900 日圓！！

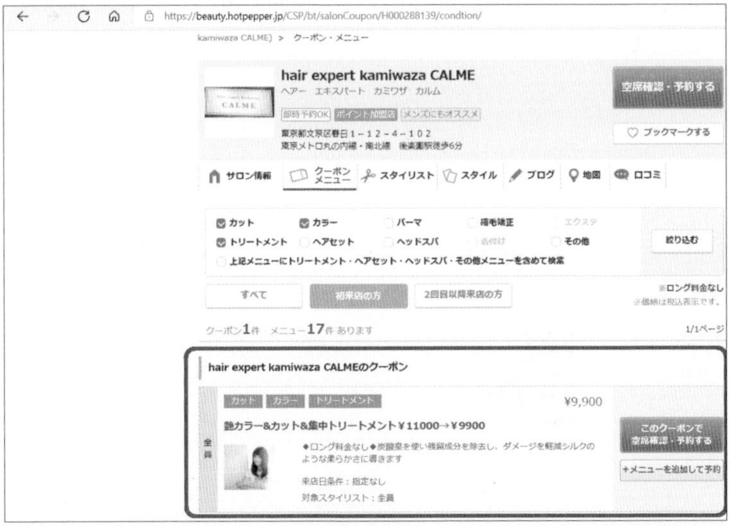

圖 5-19

選擇好想要的方案之後，再選擇去店裡的時間，以及是否要指名美髮師

圖 5-20

有空的設計師會顯示在系統上，有些經驗老到的設計師，指名是要加錢的。依照自己的喜好選擇，或是也可以不選，現場看誰有空檔。

圖 5-21

基本上我目前去過 4-5 家美髮院的經驗，我覺得能去美髮院上班的素質都不錯。我目前比較少遇到在學校實習就來幫你剪頭髮的 XDDD

如果很擔心被剪壞或燙壞的話，也可以在網站上看顧客給店家的評價。

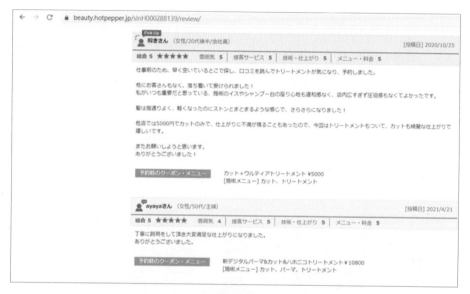

圖 5-22

高度人才簽證

日本為了鼓勵優秀的人才到日本工作，或到日本之後可以長長久久留在日本，並享有接近日本人的福利。

有一個叫做高度人才的簽證。拿到這個簽證好處多多。

圖 5-23

高度人才簽證優點

◉ 最快一年可以申請永住權。（但分數要達 80 分）

　70-79 分的話，三年可以申請永住。

（擁有永住權就不用被特定公司綁定，即使在日本當 freelancer 或是家庭主婦也可以。另外也不用每隔幾年就去入管局更新在留卡。沒有高度人才簽證的話，通常要在日本待十年才能申請永住。）

◉ 在留期間一次給五年。

通常有綁公司的話，在留卡一次都是給 1-3 年之間。一次給五年的話可以少掉一些麻煩。但是如果滿三年申請永住權的話更方便。

◉ 配偶一同赴日之後，可以從事正職工作。

◉ 父母可以來依親。

但是有條件限制，必須是以家庭照顧為前提。也就是說在沒有小孩的狀況下沒辦法讓父母來依親。

◉ 簽證申請速度較快（有優先辦理），大約 5-10 天，比其他留學或就勞簽證都快。

父母可以來依親的條件：

❶必須與配偶養育未滿七歲的小孩。
❷或是高度人才本身懷孕，或配偶懷孕中。
　另外還有附加條件，
❶高度外國人才必須年收達 800 萬日圓以上。（和配偶合計達 800 萬日圓以上也可以）
❷父母必須和高度外國人才同居。（不能說父母說要依親結果不跟高度人才住在一起）
❸依親來日本的必須是高度外國人才的父母或配偶者的父母。

申請資格

下方的表格累加有 70 分，就能申請囉！其實台灣人過去，年紀又在 30 歲左右的話，軟體工程師都蠻容易達到申請資格的。

《ポイント計算表》

	高度学術研究分野	高度専門・技術分野	高度経営・管理分野
学歴	博士号(専門職に係る学位を除く。)取得者 30／修士号(専門職に係る博士を含む。)取得者 20／大学を卒業し又はこれと同等以上の教育を受けた者(博士号又は修士号取得者を除く。) 10／複数の分野において、博士号、修士号又は専門職学位を複数有している者 5	博士号(専門職に係る学位を除く。)取得者 30／修士号(専門職に係る博士を含む。)取得者 20／大学を卒業し又はこれと同等以上の教育を受けた者(博士号又は修士号取得者を除く。) 10／複数の分野において、博士号、修士号又は専門職学位を複数有している者 5	博士号又は修士号取得者(注6) 20／大学を卒業し又はこれと同等以上の教育を受けた者(博士号又は修士号取得者を除く。) 10／複数の分野において、博士号、修士号又は専門職学位を複数有している者 5
職歴(実務経験)(注1)	7年~ 15／5年~ 10／3年~ 5	10年~ 20／7年~ 15／5年~ 10／3年~ 5	10年~ 25／7年~ 20／5年~ 15／3年~ 10
年収(注2)	年齢区分に応じ、ポイントが付与される年収の下限を異なるものとする。詳細は②参照 40	年齢区分に応じ、ポイントが付与される年収の下限を異なるものとする。詳細は②参照 40	3000万~ 50／2500万~ 40／2000万~ 30／1500万~ 20／1000万~ 10
年齢	~29歳 15／~34歳 10／~39歳 5	~29歳 15／~34歳 10／~39歳 5	
ボーナス①【研究実績】	詳細は③参照 25〜20	詳細は③参照 15	
ボーナス②【地位】			代表取締役、代表執行役 10／取締役、執行役 5
ボーナス③		職務に関連する日本の国家資格の保有(1つ5点)	職務に関連する日本の国家資格の保有(1つ5点)
ボーナス④	イノベーションを促進するための支援措置(法務大臣が告示で定めるもの)を受けている機関における就労(注3) 10	イノベーションを促進するための支援措置(法務大臣が告示で定めるもの)を受けている機関における就労 10	イノベーションを促進するための支援措置(法務大臣が告示で定めるもの)を受けている機関における就労 10
ボーナス⑤	試験研究費等比率が3%超の中小企業における就労	試験研究費等比率が3%超の中小企業における就労	試験研究費等比率が3%超の中小企業における就労
ボーナス⑥	職務に関連する外国の資格等	職務に関連する外国の資格等	職務に関連する外国の資格等
ボーナス⑦	本邦の高等教育機関において学位を取得 10	本邦の高等教育機関において学位を取得 10	本邦の高等教育機関において学位を取得 10
ボーナス⑧	日本語能力試験N1取得者(注4)又は外国の大学において日本語を専攻して卒業した者 15	日本語能力試験N1取得者(注4)又は外国の大学において日本語を専攻して卒業した者 15	日本語能力試験N1取得者(注4)又は外国の大学において日本語を専攻して卒業した者 15
ボーナス⑨	日本語能力試験N2取得者(注5)(ボーナス⑦又は⑧のポイントを獲得したものを除く) 10	日本語能力試験N2取得者(注5)(ボーナス⑦又は⑧のポイントを獲得したものを除く) 10	日本語能力試験N2取得者(注5)(ボーナス⑦又は⑧のポイントを獲得したものを除く) 10
ボーナス⑩	成長が期待される先端的な事業に従事する者(法務大臣が認める事業に限る。)	成長が期待される先端的な事業に従事する者(法務大臣が認める事業に限る。)	成長が期待される先端的な事業に従事する者(法務大臣が認める事業に限る。)
ボーナス⑪	法務大臣が告示で定める大学を卒業した者 10	法務大臣が告示で定める大学を卒業した者 10	法務大臣が告示で定める大学を卒業した者 10
ボーナス⑫	法務大臣が告示で定める研修を修了した者(ボーナス⑦のポイントを獲得した者を除く。) 5	法務大臣が告示で定める研修を修了した者(ボーナス⑦のポイントを獲得した者を除く。) 5	法務大臣が告示で定める研修を修了した者(ボーナス⑦のポイントを獲得した者を除く。) 5
ボーナス⑬			経営する事業に1億円以上の投資を行っている者 5
合格点	70	70	70

①最低年収基準

高度専門・技術分野及び高度経営・管理分野においては、年収300万円以上であることが必要

②年収配点表

	~29歳	~34歳	~39歳	40歳~
1,000万	40	40	40	40
900万	35	35	35	35
800万	30	30	30	30
700万	25	25	25	—
600万	20	20	20	—
500万	15	15	—	—
400万	10	—	—	—

③研究実績

	高度学術研究分野	高度専門・技術分野
特許の発明 1件~	20	15
入国前に公的機関からグラントを受けた研究に従事した実績 3件~	20	15
研究論文の実績については、我が国の機関において利用されている学術論文データベースに登録されている学術雑誌に掲載されている論文(申請人が責任者であるものに限る。) 3本~	20	15
上記の項目以外で、上記項目におけるものと同等の研究実績があると申請人がアピールする場合(著名な賞の受賞歴等)、関係行政機関の長の意見を聴いた上で法務大臣が個別にポイントの付与の適否を判断	20	15

※高度学術研究分野については、2つ以上に該当する場合には25点

(注1)従事しようとする業務に係る実務経験に限る。
(注2)※1 主たる受入機関から受ける報酬の年額
※2 海外の機関からの転勤の場合には、当該機関から受ける報酬の年額を算入
※3 賞与(ボーナス)も年収に含まれる
(注3)就労する機関が中小企業である場合には、別途10点の加点
(注4)同等以上の能力を試験(例えば、BJTビジネス日本語能力テストにおける480点以上の得点)により認められている者も含む。
(注5)同等以上の能力を試験(例えば、BJTビジネス日本語能力テストにおける400点以上の得点)により認められている者も含む。
(注6)経営管理に関する専門職学位(MBA、MOT)を有している場合には、別途5点の加点

圖 5-24

申請方式

1. 準備相關文件到各地入管局交件。

2. 文件申請書、資料證明、點數計算表、護照、照片、在留卡、在職證明，
   跟你點數有關的證明都要帶去，例如源泉徵收票（所得證明）、N1 日
   語能力證明等等。

3. 到入管局拿號碼牌（拿申請的號碼）。在東京的話可以去品川的入管局，
   或是立川的入管局。但因為除了你之外，還有許多要申請簽證的人，依
   照我之前辦簽證的經驗。可能都要等上 2-3 個小時 ...... 通常去品川的很
   早都會去領號碼牌。然後～慢慢等 ......。

圖 5-25

4. 號碼之後就把所有資料交給入管局人員，他們會檢查一下，然後在你護
   照訂東西（那個可別拿掉啊，取件的時候要一起交出去）。

取件

一兩週後會收到明信片，提醒您審核通過可以去取件了。

準備護照（之前申請時訂在你護照上的紙）、在留卡、4,000 日圓的收入印紙（要去郵局繳費，拿到一張價值 4,000 日圓的郵票）。

1. 一樣去入管局取號。（拿取件的號碼）

2. 叫到你之後把護照，在留卡，4,000 日圓的收入印紙交出去。

3. 話說現場有一張單子讓你貼 4,000 日圓郵票的，記得貼上去啊，別真的直接拿一張郵票給櫃檯 XD

圖 5-26

4. 成功取得高度人才簽證。

其實這張簽證也就是你的在留卡，只是原本是 1-3 年的技術就勞簽證，現在是 5 年的高度人才簽證。有了這個之後，永住權就不遠啦！

圖 5-27

第一次到日本看病以及台灣健保

　　我之前在日本有段時間身體很差，常常生病，還因此坐飛機回台灣做全身健康檢查。

　　在日本看病比台灣貴很多，而且有些小細節要注意！

　　下面分享我在日本看病的經驗，以及台灣的健保怎麼續保。

日本看病

　　日本看病跟台灣一樣，也是要帶一張類似健保卡的健康保險證，去櫃檯掛號，填寫個人資料。

圖 5-28

　　這是我到一間耳鼻喉科看診，填問卷時被問到的問題。

Q：你會選擇比較貴的藥，但比較快好。還是比較便宜的藥，但比較慢好。

　　這個問卷跟醫生開藥的時候有關。在日本診療費跟藥品費是分開算的，而且金額也都蠻高的。我當下希望趕快好，他好像幫我開比較貴的，但都是漢方藥（我是在西醫看的）醫生跟我說這個效果很好。好像叫做麻黃附子細辛湯，一小包一小包的，中藥的味道蠻好喝的，但有沒有效我就不確定了（法律規定不能在網路上推廣藥效）。

　　另外日本通常有所謂的初診金，就是幫你製卡（診察券）跟建立病例的初診費用。這筆費用一般診所通常約 3,000 日圓，真不便宜，但每間醫院收費可能稍微不一樣。也因此日本人通常會在同一家看，不然要繳很多次初診費用。不像台灣可以一直換醫生也不用加初診費用。假設你到各種不懂科別看診，你就會拿到各家診所及醫院的診察券。每次看病都要記得帶。之前我有段時間身體不好，整個錢包都是這種卡（汗）。

圖 5-29

　　我之前看感冒診療費好像 4,000 日圓，藥品費也是 4,000 日圓左右。也就是看診 + 拿藥合計 8,000 日圓左右。但每間診所可能都不太一樣。

圖 5-30

　但因為我有健康保險，只要自費三成，因此繳了 2,400 日圓左右。（台灣健保簡直天堂，我印象看感冒只要掛號費台幣 150，然後藥很多時候都不用加錢。）

　我有時候想日本的藥妝的各式藥品那麼發達，是不是因為看病很貴。因為我蠻多同事小感冒，都不去看醫生都去藥妝店買藥來吃（現場也是有藥師可以諮詢）。我跟他們說台灣看病含拿藥只要 450 日圓，日本同事都表示驚訝～～～好便宜啊。台灣的健保真的是世界級便宜的，而且醫療素質也很棒。

領収証			発行番号：20 平成31年01月 平成31年01月 処方箋発行 医）社○ 処方医：	
社本		薬剤料 37点	特定保	
調剤技術料 82点	薬学管理料 53点	(請求調整額) 0円	評価	
患者負担割 30%	定率負担金 520円	今回未収金 0円		
	請求金額	0円		

圖 5-31

拿藥跟台灣一樣，拿著處方籤去附近的藥局繳費拿藥。

比較特別的是，初次看診的話藥局會發給你一本用藥筆記本。通常是藥局會幫你記錄你使用了什麼藥。藥劑師會參考這本手帳，針對你的用藥習慣或是否藥物過品調整藥品。有些藥局如果你有記得帶這本手帳的話還會給你打折。記得看診的話都要帶著手帳。我想應該是因為日本沒有類似台灣的健保卡及雲端查詢用藥的機制，因此只能透過用藥筆記本的方式做檢查，確認你之前的用藥。這樣看下來台灣的健保真的一級棒。看病只要記得帶健保卡就能查到所有紀錄。不怕出門看病忘記帶筆記本了。

圖 5-32

台灣健保

如果你長期待在國外都不回台灣的話，也可以選擇停保，回國後再復保。

但因為我蠻常回臺灣的（一年回3-4次），而且台灣健保機制真的很棒！回台灣的時候我通常會去檢查一下牙齒，洗洗牙。

但是在台灣沒有公司名義幫我們保，該怎麼辦呢？ 可以選擇第六類健保（也就是在台無職人口），但健保費要自己全額繳費。

第六類健保要去區公所或是市公所辦理。可以在出國前帶身分證件跟健保卡去辦理。一個月 700 元左右，兩個月繳一次，繳費單寄到家裡。可以請在台灣的家人幫忙去超商代繳。

健保資料：第 6 類被保險人及眷屬（無職業地區人口）之自付保險費的計算公式及釋例 https://www.nhi.gov.tw/Content_List.aspx?n=CDC325070948D0B4&topn=5FE8C9FEAE863B46

圖 5-33

日本？有大家想像的這麼完美嗎？負面的部分呢

日本真的有像大家想像的那麼完美嗎？

高薪，四處旅遊，完美的生活品質？

海外工作就像兩面刃，不只有它好的一面，有時候偶爾也會受到傷害。我想不只是只有日本，其他國家也都一樣。

在這篇可能寫得會比較沉重，但要先寫在前面，這篇並非批判，僅陳述我認識的人的故事，我所知道的日本社群故事，或是親身的經歷，我把它寫在下面的每一篇故事。當然不是每個人都是壞人，但壞人也有，大家還是要自己小心。

直白（？）的獵人頭

有個來打工度假的女孩，英日文都超級棒。但是面試屢屢碰壁，甚至獵人頭都很狠的說：「英日文都很厲害的人，在日本一堆，你不要以為自己有多厲害。」甚至還有更多極盡羞辱的話。

這個女孩去找幾個獵人頭就要被羞辱幾次。簡直讓她後悔當初為何放棄原本的工作，為何要毅然決然到日本工作。

最後她找到了工作，但仍身心俱疲，而且薪水極低。

她工作的環境的主管，只要工作沒達到目標，會羞辱全辦公室的人。（包含日本人）

她每天只想著要趕快找到更好的工作，趕緊拿到工作簽證。

對於外國人的歧視

不能說是每個人都討厭外國人，但還是有人有。

親戚來找住在日本的他寄居幾天，搬運行李搭公車時，兩咖大行李箱在公車上很「佔位」。一個日本婆婆聽這兩個人講著類似中文的語言，立刻用日文對他的老伴抱怨起：「真的很討厭這些外國人，造成我們極大的麻煩。」

這人很想跟這位婆婆說，自己聽得懂日文。但想想，其實她根本不CARE。

日本也是有直銷

辦公室同事有個美女，獻殷勤的一直連絡工程師，約他喝咖啡。

工程師想說怎麼有天上掉下來的禮物。很期待周六的咖啡約會。

周六期待地準時赴約，果然看到穿著美麗的美女，坐在咖啡桌等他。兩人閒聊工作一會，之後美女拿出一個面熟的 DM，上面有牙膏，能量飲料等等。

美女用優雅的日文說：「你有沒有聽過某某公司？」

善意的笑容及騙人的誇張房仲

房仲最愛外國人了！特別是沒查資料的，甚至是對日本不熟的。

一個從距離日本飛行時間十小時國家來的外籍工程師，日文很破，沒來過日本。

他找到一間東京的公司上班，開開心心的 Relocate 到日本工作。

為了租屋去找了房仲，房仲很親切，笑臉迎人。

找了很多很漂亮又便宜的房子照片給他看。

殊不知這一步一步落入陷阱的外籍工程師，根本是找了一間超偏僻，超級不方便，離公司超級遠的房子。

換算下來也沒便宜到哪裡去。

每天都只能自己忍耐通勤地獄直到兩年合約到期。

善意的笑容和看似真誠的道歉的背後

在日本，你最常看到的是善意的笑容和完美的鞠躬。但您是否想過，他們內心是否也在笑呢？

一個到派遣公司上班的工程師，要派到乙方之前派遣經理寄了份面試企業的薪資參考給他。經理笑笑地說：「恭喜你！你真的很優秀，一個外國人這麼快就能找到欣賞你的乙方公司。對方也很肯定你。合約內容就會是之前寄給你的」

但到上工當天，期待高高興興上工時，派遣經理匆匆的寄給這位工程師真正的合約。工程師一看，天啊，實際的合約薪水怎麼跟原本說的差這麼多？這還怎麼在日本活下去。甚至連和乙方合約甚至都是由派遣公司主管代簽，完全沒有經過確認。上工當天才被經理強迫。想要退回也沒辦法。

工程師跑去質問經理，經理非常有誠意的賠不是，九十度鞠躬的不斷的道歉。但木已成舟，已經被簽下的合約不可能再收回。工程師只能吞下來直到合約時間結束。每天都想著怎麼轉職，怨恨著自己被笑笑的經理給騙了，吃著便宜的午餐度日，想著自己在日本怎麼還是領接近台灣的 22K。看著乙方坐自己旁邊跟自己做一樣事情的人，領著不同的酬勞。

玻璃天花板

很多到日本工作的華人，表現很優異，但容易遇到文化的玻璃天花板。（但每間公司當然不一樣啦）

不少技術很強，管理能力很棒的工程師，卻仕途不順。

或是開了跟日本同事一樣的薪水，卻被拒絕或壓低。

常常聽到的理由是：畢竟外國人，日文還是沒辦法跟日本人一樣流利啊。對工作效率上必然有差別。

或是其他冠冕堂皇的理由。

因偷養寵物被房東坑，啞巴吃黃蓮

一個偷養寵物被發現的女孩，除了被趕出去現有的租房外，還收到了一張維修費用表。

裡面包含了「壁紙全部更換」、「洗手台維修」、「地毯更換」、「××維修」，前前後後一堆跟寵物無關的品項。

一隻還嗷嗷待哺的小小貓，是有辦法在幾天內做如此大的破壞？

但因為自己有錯在先，被房東趁機大大的坑一筆，啞巴吃黃蓮，有苦說不出。只好花錢消災，謹記在心。

前後不一的工作態度評論？

一個派遣工程師突然被人力公司的經理通知，乙方覺得你工作態度差，無法再繼續合作下去，不續約了。

工程師一臉問號，自己和同事主管相處融洽，回想不起自己工作態度差的理由。但啞巴吃黃蓮，也沒辦法多做解釋。他準備打包行李，並且歸還出入識別證。

隔幾天人力公司的經理又突然通知，乙方說你工作表現良好，希望你繼續上班，繼續簽約。

工程師有點傻眼，幾天前才說表現差，幾天後又態度 180 度轉變。有點讓人無所適從。被這樣當作免洗筷的感覺很不好受，於是他下定決心不續約，準備面試下一個派遣案的公司，

東京巨蛋看免費的棒球賽（都市対抗野球大会）

其實本人對運動類球賽興趣缺缺。

雖然我住在距離東京巨蛋走路五分鐘的地方，但完全沒去看過日本職棒XDDD（棒球迷不要打我啊）

不要說職棒，我連東京巨蛋演唱會都沒去看過。哈哈！完全沒有使用住在巨蛋旁的福利。

圖 5-34

但一天下班回家的路上，經過巨蛋剛好路上在送毛巾。

除了送毛巾，還有發送免費的棒球票。（應該是加油團不夠，發給路人衝衝加油團人數！）

圖 5-35

這個比賽不是職棒，是各企業培訓的業餘成棒──都市対抗野球大会。其實雖然我不太愛看棒球，但都到日本了，還是想體驗一下在日本東京巨蛋看棒球的 FU ～

當天早上正好和來日本三年的學姊，一起喝著咖啡時聊說：「兩個來日本超過一年的人還沒看過半次棒球。真是丟臉」

沒想到半路撿到免費票解了「東京巨蛋看棒球」的成就～～～

都市対抗野球大会

因為我對棒球不熟，介紹從台灣棒球維基館引用一下：

都市對抗野球大會是日本國內最受重視的業餘成棒賽事，於 1927 年首度舉辦，由每日新聞社主辦、GAORA 轉播。特色是出場球隊可從同地區予選敗退的球隊補強至多 5 名選手。優勝旗為黑獅子旗，從 2001 年開始，優勝球隊在下屆大會前，能以繡有「黑獅子」徽章的球衣出賽。2006 年開始，

優勝球隊直接取得社會人野球日本選手権大會的出場權。台灣從 1930 年首度參賽，共參加過 12 屆，通算戰績 6 勝 12 敗，最佳成績為四強。

看紀錄沒想到台灣在日治時期時，也有派隊參加。

心得

其實沒拿到票也能進去，但只能坐很偏遠的外野。拿到票的秘訣就是比賽時間在巨蛋周圍晃來晃去，應該就會看到各公司的帳篷有專人在發。

有些公司不只發毛巾，還發加油棒或扇子。也有些公司只開放社內成員參加的（就是沒人在發免費票），我後來才發現毛巾是用來排顏色的，還蠻有特色的。假設是橘色的毛巾，會看見整片橘橘的人海～～

不同隊會有不同入口。看你喜歡哪間公司，或是哪間公司送的毛巾就去排哪隊吧！

除了位置沒坐滿外，HIGH 的程度跟職棒應該差不多。也是有可愛的賣啤酒妹妹跟加油歌曲（各公司的應援歌）。加油團也是由各公司自行派出。應援歌會在入場時發的小冊子上，可以跟著一起唱 ^^

我還來稍微查了一下，有些公司是專門錄取人來打社會棒球的！他們可能 3 分工作，7 分在練習棒球。真是有趣！

每年夏天都有舉辦的樣子，住東京的朋友可以去共襄盛舉喔！

去日本一定要體驗的滑雪

我到日本擔任工程師的這段期間,最讓我開心的事情就是,

可以盡情的滑雪啊!

圖 5-36

其實我也是在朋友的推坑之下前往體驗。

一體驗之後就中了雪友所謂的「雪癌」了。

「雪癌」,只要一到冬天都會發作。有的嚴重者甚至夏天也會發作。雪癌患者通常會每天刷 Skyscanner 看看有沒有便宜機票,訂機票前往日本、韓國、瑞士等滑雪勝地,並且前往雪場滑雪。

我之前嚴重的時候，每一到兩周都會去滑雪場。

在台灣因為不下雪，即使是寒冬到了，合歡山因雪量不足，沒有辦法滑雪。如果真的想在台灣體驗滑雪，只能到新竹科學園區的小叮噹樂園，有一個小小的室內人造滑雪場，能一解想滑雪的朋友的思「雪」之情。

日本因為氣候跟地理的關係，擁有得天獨厚的滑雪環境，粉粉的雪簡直是滑雪者的天堂。（粉雪摔下去比較不會痛，而且進階者衝過粉雪有一種刺激感～～）甚至很多歐美人士都千里迢迢來日本滑雪喔。

SKI / SNOWBOARD

滑雪分為兩大種類，一種是兩個板子的 SKI。較好入門，但較難到高階。如果是初學者，遇到進階地形的話可能會沒辦法下山……很多長輩都滑 SKI，因為比較不會摔 XD

另一種是一個板子的 Snowboard。較難入門。（前期會一直狂摔）但如果會落葉飄之後，基本上什麼地形都能下山。

初學者推薦的滑雪場

1. 離東京最近的人造雪雪場（カムイみさか）

我初期都是去這個雪場，因為超級方便。從東京都心跟團，搭乘巴士 80 分鐘就抵達滑雪場。另外這個滑雪場有很多日歸（當天來回）旅行巴士前往，搭配租借雪具跟裝備還有雪票，總共才 6,500 日圓就能解決！除了地理位置、跟團價格優勢之外，他的 1：1 教練課，超級超級超級便宜。為什麼我要說超級三次，因為竟然比在台灣上 1 對 1 教練課還便宜。不過這是只有這間雪場才有的價格，其他雪場是不可能的。4 小時 10,000 日

圓。我之前上過覺得超級划算的！！這是有點打破市場行情的價格。但是只有日文教練～～

雪場的缺點是，因為98%是人造雪。雪超硬！雪超硬會有什麼壞處？就是你摔倒的時候屁股，膝蓋超級痛。回去都是青一塊紫一塊的。這個雪場去的人很多，團體課的人也超級多（可能1對25），短短的2小時團課，老師要教那麼多人。我記得我上完第一次團課好像只會Snowboard站立跟簡單的平地滑行XDDD

這雪場的更衣間超級小，我有時候會在不影響別人的狀況下，偷偷在巴士上換好衣服跟鞋子，一下車就是著裝完畢的狀態XD 也節省時間～～畢竟都大老遠過去了，當然要多滑一點啊！

圖 5-37

優點：交通方便，1：1教練便宜，跟當天來回的團都很便宜。（而且都能待7小時左右）

缺點：雪太硬，團體課人太多，更衣間很小非常擠。

當時的跟團，含團體課也才7,800日圓。

2. 新幹線前往超方便的新潟縣滑雪場——苗場 等等

　等我脫離初學者之後，我最常去的就是新潟縣的滑雪場。為什麼？因為從上野（東京）坐新幹線過去雪場（越後湯澤）超方便，大約75分鐘左右！！搭配外國人廣域周遊券3日券的話，來回只要10,000日圓。比日本人訂便宜很多。（記得帶護照去JR購買）

[苗場王子]

　中港台最愛的苗場王子大飯店我自己也去過。非常的方便，雪場就在飯店旁邊。飯店很大，可以滑雪的地方也非常的大，如果滑不過癮還能去附近的神樂滑雪場滑。

　優點：交通方便是定番。餐廳很多可以選擇，我之前曾經搭配過附早晚餐的行程，每天都吃飽飽。除了苗場區可以滑雪，還可以搭龍纜車（ドラゴンドラ）去神樂滑雪。聽說那邊雪況好，人也比苗場少。（但我自己沒去過XD）

　缺點：苗場假日人很多，苗場王子飯店住宿較貴。

圖 5-38

裝備

初學者建議雪衣跟雪具去雪場租就好了。

租借裝備（必要）：雪鏡、安全帽、手套、雪衣、雪褲、滑雪板。

圖 5-39

自購裝備（必要）：吸濕排汗防寒衣、面罩（不是口罩是面罩）、厚長襪。

我想娶個日本老婆，嫁個日本老公

我當時因為在台灣已有論及婚嫁的男友，因此沒辦法以我自己做為案例。但我有好幾個台灣朋友真的娶了櫻花妹長居日本。我採訪了其中一位剛新婚的朋友，向讀者分享他是怎麼認識他的日本太太的。

我朋友基本資料：26歲，軟體工程師

朋友如何認識太太的：日本交友軟體派愛族 Pairs

日本其實有很多聯誼的管道，包含一般常見的合コン（事前篩選的聯誼），還有台灣比較少見的相席屋（店家提供場地，協助單身男女併桌的相親，通常無法預期來的人的背景及年紀），以及線上交友軟體等等。

剛去日本工作的話，可能人脈比較侷限，比較沒有機會遇到朋友邀約參加聯誼。而相席屋可能大多數的人沒有預期到外國人會來參加，若日文不好的話可能也比較吃虧。但線上交友軟體，因為你可以同時使用翻譯軟體等等與對方會話。且在自我介紹也寫清楚自己是台灣人，若女生對你有興趣，且互相按讚的話，就能順利配對成功。我覺得交友軟體蠻適合在日本人脈還沒拓展開來，又想認識日本對象的朋友。

不得不說交友軟體——派愛族真的是很棒的軟體（感覺好像業配），我自己和台灣的男友也是在台灣版的派愛族認識，並且在此書出版前已經結婚。

我的朋友是使用日本版的派愛族，只會媒合到在日本居住的對象。這邊我將分享如何使用派愛族娶個日本老婆，或是嫁個日本老公吧！

圖 5-40

操作流程：

1. 下載日本版 Pairs 軟體，必須先確認你已經將 Android 或 Apple 換區到
   日本去了，不然你載到的 Pairs 會是台灣版，只能媒合到台灣的對象。

2. 使用 Facebook 帳號註冊 Pairs。

   注意事項：配對時，如果你的日本同事也有使用 Pairs，且他 / 她不是
   你的 FB 好友，是有機會出現在對方的配對清單的。如果他是他 / 她是你
   的好友，FB 會自動幫你篩除，就不怕被日本朋友看到被問東問西的。

3. 填寫要公開給配對對象看的基本資料，並用心地寫一個自我介紹，盡量
   用日文寫，並且記得介紹自己是台灣人。不然對方可能想說這人的日文
   怎麼怪怪的。

4. 挑選幾張好看的照片，頭髮衣服整潔，且是單人的照片（沒有其他人入
   鏡）。增加自己的吸睛程度。要想，你是在跟幾千個日本男生 / 女生競

爭，其實很殘酷的現實是，交友軟體的第一步篩選都是看長相和不和自己的喜好，接下來才是看基本資料。我想這個法則應該在全世界的交友軟體都適用。不能怪對方外貌協會，其實連自己第一個都會先看長相。

5. 資料填完之後必須去「驗明正身」，大家別緊張，其實就是上傳身分證明文件（如護照、在留卡等等），驗證你的年齡沒有亂寫。我覺得這是派愛族成功的原因之一，因為他對身分的審查相較大多數交友軟體嚴格。不會發生一個55歲的中年，假冒自己是25歲的青年的事情。也算是保障雙方權益。

6. 收到認證許可後，其實就可以開始配對了。但男生配對成功的聊天功能因尚未付費因此仍未開啟，因此下一個環節是繳費。到目前為主，女性使用者配對後的聊天功能仍是免費的。雖然對男性使用者有點不好意思，但女性確實是免費的。男生的費用我在2021年3月查看官網，一個月是3590日圓，訂閱制，若不需要可隨時停止。

7. 繳費完成後，你可以認真的開始瀏覽派愛族的對象，並有年齡，職業，居住地等篩選條件。若看到自己有興趣的對象，可對對方按「いいね」，就像是FB的按讚一樣。若對方也回按你「いいね」，雙方就配對成功囉！就可以在另一個介面進行聊天。但主動發送「いいね」的次數是有限的，若你使用完畢後，可能需要儲值加購。所以大家也不要亂槍打鳥，確認對對方有興趣再按吧！

8. 接下來就是聊天的環節，畢竟我這本書不是戀愛或是聯誼的書，針對這部分就不詳述，請大家可以自己依照經驗去與對方聊天喔！

若你真的順利約到日本對象出來，那請記得一定要將頭髮鬍鬚梳整乾淨，以及穿著乾淨得體。注意約定的時間及地點，不要太早到催對方，當然也不能遲到違反日本人守時的大忌。

另外和日本女生或男生吃飯，事實上 AA 制（各付各的）比例比較高。一直到交往之後也是。我覺得這其實也是要看對方的價值觀。日本的論壇其實也有蠻多和台灣女生，台灣男生交往的經驗談，對方可能看了網路的資料，預期台灣男生第一次約會有很高機率出錢，就有了這樣的期待。因此如果讀者你是男生，我覺得可以試著先出錢，若對方堅持要 AA 制，那也不要太強求。如果讀者妳是女生，不要先預設期待男生會像大多台灣男生一樣，請妳吃飯。

上述的分析我也是針對朋友的經驗分享，若有不同想法的讀者也不要太在意。可依照你們本身的價值觀及經驗進行。

若順利交往並且論及婚嫁，那我恭喜你！之後就需要辦日本及台灣的登記結婚手續（大家可上相關網站查詢細節），並且獲取配偶簽證。日本配偶簽證還不是永住權，需要定期更新。若對配偶簽證的權益，永住權的申請，或是日本國籍的申請有興趣的朋友，可以上日本入國管理局的網站一探究竟喔！

疫情下的日本變化？

筆者撰寫此文的時候，全世界仍處在 Covid19 的疫情威脅之下。這次的疫情讓全世界以及在 2020 到 2021 年間有了巨大的變化。不只日本奧運延期，對於非日本國民的出入境的嚴格限制，以及多次發布的緊急事態等等，都讓去日本就業這件事情產生了一些變數。

我有朋友面試上日本一間獨角獸公司，原本預計 2021 年 2 月就要飛去日本就職。但因為疫情關係，緊急事態發布後，限制非日本本國國民的入境。讓他去日本的日期是一延再延。

另外從許多日本新聞以及一些相關雜誌報導，因為疫情許多公司財務狀況受衝擊，有許多日本員工也被解雇、停職等等。另外許多以觀光客為主要客源的餐廳，飯店等等，也都因為疫情經營困難。此時如果你是拿打工度假簽證過去日本的，在找工作時可能會相對困難。因為通常打工度假通常是以服務業（如美妝、餐飲、飯店）為主。在來客減少的情況下，相對也不需要那麼多的員工。

至於 IT 產業呢？我看了一些報導，整體來說受到的影響相對較小，但仍有些公司受到影響。例如一些會委託 IT 公司開發的客戶，在疫情下現行業務都有些自身難保了，連帶就會縮減在新系統開發，或是採購軟體服務的預算。另一方面，也是有因為疫情反而營業額提升不少的公司，如電子商務因大量網購而業績提升。或是有些協助客戶數位化的公司業績逆勢成長。先前有些相對保守的客戶，原先對數位化裹足不前，但因為疫情關係，不得不讓員工在家上班，遠距會議或遠距推廣業務。而幫助這些客戶數位化的公司則因為疫情而提升收益。

那生活在日本的海外工程師是否有什麼生活上的變化呢？我詢問我仍在日本工作的朋友。他們最大的變化大概就是可以遠距上班，不用再辛苦的擠電車，忍受每天的通勤地獄。甚至有人考慮離開東京都心，搬到相對較遠但更便宜的區域租屋，用同樣的租金可以租到更大的房子。

　　在求職方面，因為日本 IT 人才本來就很缺乏，對於本來就在日本工作的海外工程師而言，相對服務業較沒有找不到工作或是失業的問題。但若是目前在台灣，打算 Relocate 過去日本工作的工程師，就必須配合日本的出入國政策。直至筆者撰文的今年四月為主，日本就多次發布緊急事態，禁止非日本國民入境。有可能造成部分工程師，已經面試上日本公司，但遲遲無法出發的窘境。但相信在日本國民以及台灣人未來都打完疫苗，且確診數能穩定被控制的情況下，這個問題能夠改善。因此建議能觀察疫情及日本出入境政策的變化，進行未來面試日本工作的期程安排。

掰掰日本：回台灣囉

6

想回台灣了

如果你待了一陣子，發現還是愛台灣，或是有其他理由必須回台。

要做什麼手續呢？跟剛來日本一樣，手續非常的多啊！讓我為你整理以下資料。

離職手續，拿離職證明

依照規定去公司辦理離職手續，拿離職證明。

圖 6-1

水・電・瓦斯繳費解約及管線關閉

退租前記得要去把水、電、瓦斯解約啊。不然還是會跟你收錢的。

跟辦理時一樣，要打電話或是網路預約時間，並記得跟他說你是外國人要回國了，請專人來關閉管線及抄錶收錢。通常是現場收，因為他發收款單給你，你也收不到。

我那時候打給水道局，他說我人不用在現場，之後找時間來我家抄錶跟收款單到我新家。我跟他說我要回國了，以後不在日本沒辦法繳錢。他大概怕我欠款就跑回國，好像不到 20 分鐘就派人到我家，抄表收錢～～

圖 6-2

家具清空，房子退租，鑰匙歸還

日本租屋通常都沒附家具。你送給房東他也不要。

大型傢俱可以在網路上送給要來台灣的台灣朋友，或是請資源回收來收。（要 $$ ）

退租時房東會來檢查，然後從先前的押金扣取固定費用（清潔費）等等，再把剩下的錢退還給你。但如果你有破壞家裡的痕跡（例如人為的破壞壁紙或地板），他可能會收取維護費。押金不夠的部分要補給他。

我那時候要退租前，把家具清空後，竟然發現窗戶下的壁紙整個大片脫落。後來我上傳照片到 Facebook 的東京群組詢問大神，有裝潢專業的朋友跟我說這是窗戶漏水造成的。算是自然老化的一種。房東一開始也是叫我賠，但因為我說我有裝潢朋友分析報告，然後把相關資料給他。他後來就沒有叫我賠錢。這種事情其實蠻容易有糾紛的，大家要做好功課啊！

圖 6-3

尋找臨時居所（飯店）

把房間退租後，到真的回台灣通常還有幾天，去找個朋友家住或是便宜的飯店住個幾天吧！我那時候因為還要去公司，因此我是住在公司附近的便宜商務飯店，住了大約三天左右。

圖 6-4

手機 / 家用網路，機器或 SIM 卡退還及解約

圖 6-5

　　因為我之前租的家用網路是含機器租用的，要依照指定地址把機器寄回去。他們確認後並透過信用卡扣除提前解約金（如果期滿不會扣款），就成功解約囉！

另外如果是辦 LINE MOBILE[※1] 手機網路的話，有說也要寄回 SIM 卡。不然會被扣錢，大家記得寄回去啊。

銀行領錢

日本的銀行，即使在台灣有分行，戶頭也是不通的。也就是你在台灣沒辦法領日幣。除非那張卡是可以國際取款的，但也要扣手續費。

如果剩的不多可以把錢領一領，帶回台灣，解除戶頭。但是台灣海關有日幣限額喔，超出要申報，千萬別違法了！也可以選擇把戶頭留著，偶爾去日本玩可以花。如果要辦理年金脫退的話，戶頭則必須要留著，不然會拿不到錢哦！

去年金機構辦理脫退

圖 6-6

※1　LINE MOBILE 服務已於 2021/3/31 停止新契約申請。Softbank 公司收購 LINE MOBILE 至該集團旗下，並推出新品牌「LINEMO」提供新的電信契約方案。

記得你每個月薪水都有被扣繳年金嗎？如果你確認以後不會再回日本工作的話，可以去年金機構辦理脫退 ※2，把一部分錢拿回來。

為什麼說是一部分呢？也就是說拿不回全額，還要被扣稅金。年金的人都蠻多的，我記得我那天也搞掉半天左右。還去銀行開立證明。（因為我銀行戶頭的片假名跟公司幫我登記的是不同的⋯⋯）

我那時候申請大約過了半年才進到戶頭。

1. 護照跟影本

2. 在留卡

3. 銀行存摺

4. 年金手帳

5. 申請資料

【図表1】国民年金の脱退一時金　最後に国民保険料を納付した月が平成30年度の場合	
国民年金第1号被保険者として、①月額保険料を納付した月数、②保険料の4分の1免除を受けた月数の4分の3、③保険料の半額免除を受けた月数の2分の1、④保険料の4分の3免除を受けた月数の4分の1の合計月数	脱退一時金の額
6か月以上12か月未満	49,020円
12か月以上18か月未満	98,040円
18か月以上24か月未満	147,060円
24か月以上30か月未満	196,080円
30か月以上36か月未満	245,100円
36か月以上	294,120円

圖 6-7：平成 30 年脫退可領金額對照表

※2　參考圖 6-7，例如在日本工作期間繳了 8 個月的年金，那可以領回的金額就是 49020 日圓。

去市・區公所繳住民稅

住在日本必須繳住民稅。通常都是隔年才繳。你今年的工作，明年才繳錢。但你今年就要回去了啊。如果這筆錢沒繳到，聽說你以後來日本玩會被海關帶去小房間......可能以後會沒辦法入境日本而且有不良紀錄。

我那時候去區公所查，區公所說沒資料，應該沒關係。我就忘記這件事回台灣了。

結果後來幾個月後檢查日本銀行戶頭發現，有一個不知名扣款，我當下很緊張以為被盜領了。但仔細一看扣款明細上面寫了「差し押さえ」。

我當下不知道是什麼意思。後來一查才發現那個意思是法律強制執行扣款。

跟朋友討論才想起應該是要扣繳隔年的住民稅，之前是直接從薪水扣，但因為我沒有在日本工作了，他們找不到我的人只好請法院扣款。我猜測他們有想寄差押預告書給我（也就是繳費最後通牒），但我人不在日本他們也不知道要寄到哪。

也還好我在日本還有錢可以讓他們扣。所以離開日本前記得一定要去補繳住民稅啊啊。畢竟我也是被法院強制執行的感覺不是很好。天啊希望不要因此有不良紀錄。

包裹寄回台灣

我當時把大型傢俱家電都賣掉或是贈出，所以一些小東西我就透過郵局海運寄回台灣。內容物和價值都要寫清楚。

我那時候好像寄了 4 大箱海運。每箱都 20 多公斤。可以打電話叫郵局的人來秤重 + 收錢。

　　郵局國際包裹：https://www.post.japanpost.jp/int/service/i_parcel.html

　　如果你有大型傢俱也是可以找專門的日本對台灣的搬家公司，例如：株式会社建鴻，可以協助安排海運貨櫃回台。

日本出境時在留卡剪卡

　　記得跟移民官說你要回台灣了，之後不會繼續留在日本工作。他會幫你剪卡（打一個洞）。有些人好像會偷偷留在留卡想說以後來日本玩可以用（因為跟觀光客排不同道，而且停留時間比較長），但這種違反法律的事情還是不要做比較好。不要以身試法。

回到溫暖的家

　　回到台灣囉！準備在台灣找工作吧！

圖 6-8

日本的工作經歷對我的影響

　　這一年的在日本工作經歷，雖說不長，許多朋友甚至以為我是去打工度假，但我覺得對我人生也有蠻大的影響。

　　我覺得最大的幫助是工作面。其實我在準備離開日本前，就開始面試台灣的公司。這次我的履歷可以增加一個區塊，Software Engineer, Japan。

Experience

Software Engineer
Aug 2017 – Jul 2018 · 1 yr
Tokyo, Japan

圖 6-9

　　我在決定去日本工作之前，其實也嘗試投了幾間自己有興趣且知名的公司，但全部石沉大海。我猜測幾個原因，可能是因為我僅有大學學歷（且非知名大學）。另外我原先的工作是在公部門開發內部系統，以及既有系統的維護。雖然已有五年年資，但要和在業界工作的候選人競爭可能稍微吃虧了些，那時候的我蠻受挫的。

　　在擁有一年日本工作經驗之後，我拿著更新的履歷投了一年前也曾經投過的台灣公司。這次的回覆率大幅提升，另外也有許多台灣不錯的公司的面試邀約，讓我又驚又喜。最後我錄取了一間知名的外商公司，在離開日

本回台灣之後無縫接軌，我不需要為了回台灣找工作而煩惱。現在我已經在這間公司工作快滿三年，且非常喜歡這份工作的工作環境及工作內容。

我在面試的時候，面試官對於我去日本工作的經歷也蠻好奇的。另外她提到這工作也有與日本客戶合作的機會，因此我的日本經歷是對於整體面試是加分的。例如我曾經幫忙翻譯日文信件，或是協助有日本客戶的會議即席翻譯等等。

當然要能達到能參加會議，撥打日本客戶電話，以及翻譯信件的日語程度，還是要感謝這一年的日本經歷。雖然我在去日本之前，已經有 N1 的證照，但開口說日文仍是結結巴巴，詞不成句。但在一整年的沉浸式學習之後，日語能力大幅提升，商務日語不是問題。

此外海外工作經驗也讓我增廣見聞。雖然去工作之前就常去日本遊玩，但旅遊和工作畢竟不同，住五天和住一年的感受真的相當不一樣。可以深度去體驗你在日劇看到的日本上班族生活，體驗日本的各種節日與文化。這些都是我一輩子不可取代的回憶。

我感謝自己當時的選擇，因為去過日本工作，我的人生有了正面的改變。

我如何做好去日本工作的準備

先前在網路上分享去日本工作的經驗。蠻多朋友來信詢問，我是如何做好準備，讓我能順利取得去日本的門票的，以及如何順利適應在日本的生活。

事實上，我算是在誤打誤撞之間，就把所有準備都做好了。因此當有面試機會來臨時，並沒有太多需要額外準備的部分。

語言部分，因為自身對日本文化的興趣，我很早就開始學習日語。我高中就喜歡看日本動漫，花了不少時間學習日文，也定期會去考日語檢定，驗證自己的能力。因此我大一的時候，已經有日語檢定 N1 的檢定證明。當時參加日本交流協會的甄選，還幸運獲得全額補助去日本交流一週的機會。

而在技術部分，我讀了資訊科系，且在畢業後也在相關產業任職，擔任軟體工程師。雖然我不是能建置大型商務網站的架構師或是資深工程師，但是要完成一個能有新增、修改、刪除、查詢功能，以及會員系統的網站是沒問題的。除了在公家機關的工作外，我也積極參與技術的交流社團，學習新的技術及工具。例如雖然在學校及工作上沒有使用到 Python，我也利用下班時間自行學習，並且參加 Python 框架 Django Girls 的社團，與社群的朋友交流，還建置了幾個有趣的服務。例如我有個作品參加了黑客松——新人王網站設計大賽，獲得 10 萬元的獎金外，也為自己的履歷加分。

下方網站是台灣流行語的網站，我負責後端的開發。

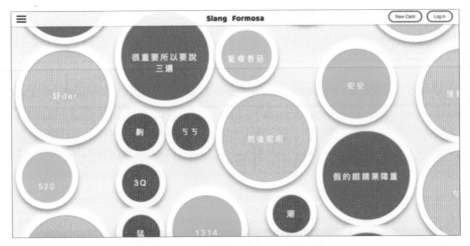

圖 6-10

圖 6-11

後來我面試上的日本公司正好在尋找使用 Python 語言開發後端 API 的工程師，雖然我沒有實際在工作上應用 Python，但因為我有使用 Python 開發 Side Project 的經驗，面試我的主管也給予肯定，讓我能錄取此職缺。

最後關於日本生活的適應。我從大學到去日本工作前，每年都會想辦法存錢去日本旅遊。所以對日本的食衣住行都不會太陌生。但五日的日本旅遊，畢竟還是和居住在日本工作不太一樣。因此我在出發去日本工作前，也是做了一些功課。例如看在日本生活的部落客，或是 Youtuber 的生活分享，從他們的經驗中去了解到，在日本生活可能會遇到怎麼樣的困難，應該如何去克服。也會去參加一些在日本工作的學長姐的座談會，聽他們的分享和建議，現場也能向他們提問。

在實際的日本生活中，有許多台灣帶去的生活習慣，不知不覺間會自然消弭。而日本的特有規定或文化，也會自然入境隨俗，因此也無須特別提早準備。例如台灣女生有時會不穿襪子直接穿包鞋，或是出門未上妝素顏，在妳每次出門都會被旁人側目後，你就會記得化完妝穿上襪子才出門。

在日本倒垃圾，一開始我也不是很習慣，並沒有每天都能倒一般垃圾或是資源回收，必須看妳那個區域的規定，例如週一才能倒紙類回收，週三週五才能倒一般垃圾等等。沒有照時間丟垃圾亂放的話，可是會被罰錢的。

在職場上我特別不習慣的是，看到同事要不斷地打招呼，在廁所遇到也要。上班前和下班前都還要大聲的用日語向大家問好。一開始有點彆扭，不過跟著日本同事做久了也自然習慣了。如果想提前適應的話，也可以看一些有職場生活的日劇，讓自己提前感受一下日本的職場文化。

在有了上述的準備後，相信去日本工作不是那麼難的事情。即使你不會日文，也是有收只會英文工程師的公司。如果你不會資訊技術，坊間也有不少培訓機構，讓你從零開始學如何打造一個網站。至於經驗的累積，即使工作上沒辦法接觸，你可以透過 Side Project 的成果證明自己。日本有非常多的工作機會，正在等著你。

結語　莫忘初衷，實現夢想的感動

當初到日本去，不外乎是實現我小時候的夢想，到日本生活。

我小時候很宅，喜歡動漫，喜歡電玩，喜歡日本。

還記得當時想學日文的契機是，想看到純愛手札 Girl's Side 裡面的葉月王子在講什麼。不想只能等網友的翻譯。

高中的時候跟媽媽苦求許久，終於願意送我去日文補習班。

為什麼說是苦求（？）因為我們家境可能不是特別優渥，家裡在我們教育的花費已經花了不少錢，要再上日文補習費可能會有點緊。我向媽媽保證，我一定好好學習！成功說服媽媽拿到地球村日語的學生證後，當時的我幾乎天天去報到。

會話課，唱歌課，文法課，檢定課什麼都上。到台北也上，到基隆親戚家住也上，到中壢也能上。我不敢說我是最厲害的，但我相信我算認真的。

去到連櫃檯都認識我了，過了 10 年，記得我剛好去地球村考托福的時候，還被櫃台認出來！「妳是不是十年前讀ㄨㄨ高中的女生，之前每天都來的。」

一年內鼓起勇氣考了三級，第二年過了二級，再過一年就考了一級。這樣速度不算很快，但我已經心滿意足，因為我同時也在準備考大學的學測。

原本是想讀日文系或外文系，但剛好跟媽媽去聽了臧聲遠老師的演講，他在十年前預測，資訊系未來一定很缺人才，前途不可限量。

現在回想起來不得不佩服臧聲遠老師，因為要不是他，我不會選資管系。不會成為工程師。（最容易去日本工作的職業之一）

我想想，我也蠻喜歡玩電腦的，好像也是不錯的選擇。誤打誤撞就放棄了日文系，選擇了資管系。

我程式其實沒有寫得很厲害，可能我也不是超級喜歡寫程式的人，或是對資訊超級有興趣。算有興趣，但我似乎有其他更吸引我的事情。因此當時我可能就是靠程式混口飯吃，但並不是頂尖的工程師。

在公家機關當工程師安逸了大約五年左右，忘記思考自己人生是否就安穩的繼續過下去。曾經的夢想也早已經忘記。

在一次轉換跑道的機會，我規劃離開原先待的公家機關。正在進入找工作關卡的時候，我看到一個「赴日工作的機會」。在 FB 把資料填一填，才隔半天就有人資聯繫我：「您方不方便來面談及面試呢？恰巧我們的日本人資下周會到。」

就這麼誤打誤撞的，我真的拿到 Offer 了，然後真的拿到簽證了。

我真的要到日本去實現我小時候的夢想嗎了？

我可以周末去池袋乙女之路，秋葉原閒逛，想去淺草雷門就去，想吃一蘭拉麵就吃。網路預定我最愛的遊戲，不用承擔國際代購運費。看我喜歡的漫畫的生肉，走路就能去東京巨蛋看日本職棒，我的夢想要實現了嗎？

記得上班的前一天，我站在新宿車站的中央，感受大批上班人群擠過我的身邊。我好像感受到，我真的在日本了。

圖 6-12

記得第一次親眼看到櫻花和楓葉（之前都是寒暑假去），我想到的是：媽！我靠自己到日本來啦！

圖 6-13

前面提到我們家連補習日文都有點辛苦了，更何況是去日本交換學生，語言學校或是留學。我們家哪有那個錢。

聽到地球村有同學從任職已久的書店辭職，靠自己工作的存款去日本讀語言學校三個月，當時還是高中生的我百般羨慕，想著：我長大後也要去日本生活！

記得第一次一個人坐滑雪的纜車上山，我莫名地流下淚來。又是另一種感動。我真的，真的，成功地實現夢想了。

圖 6-14

過了一段時間我回台灣了。不只是因為要跟台灣的未婚夫結婚，另外也有一些職涯上的考量。

想了好多好多，溝通好久好久，最後決定回台灣了。

現在在台灣也過得很棒，一年也是飛好幾次日本「回鄉」。

回想起在日本的生活，有歡笑，有淚水，也有不好的事情，但都是我的回憶！！

如果讓我重選一次，我還是會去日本工作，還是會選擇同一間公司，同一個租屋處。

莫忘初衷。

感謝上天，感謝我的父母家人，我不會忘記我在日本生活實現夢想的每一天:)

另外補上一句，機會是留給準備好的人！

勇敢的跨出那一步吧！

圖 6-15

MEMO